Elite
33
關於羅馬神話的100個故事
100 Stories of Roman Myth
黃禹潔◎編著
原書名：流傳千年的古羅馬神話故事

# 前言

在世界文學藝術寶庫中，盛開著一朵炫目的奇葩，這就是古羅馬神話。古羅馬神話發源於古老的台伯河流域，是古羅馬人在長期與自然和命運抗爭中創造出來的精神文化財富。

古羅馬神話與世界各地的神話故事一樣，都是人類智慧的結晶，也是人類理想的寄託。既有對自然奧祕的探索，也有對英雄的崇拜，以及對美好生活的嚮往。古羅馬時期，英雄輩出，這些英雄又無不與神緊密相關，神與英雄之間譜寫了一曲又一曲可歌可泣的傳奇故事。本書不僅寫出了神的出世、家族、創造、戰爭，還寫出了神展現出對人類社會的起源和發展所起的作用，以及人神之間的愛恨情仇。故事波瀾壯闊，扣人心弦，發人深思。

這些神話故事所包含的內容或善惡、或美醜，不一而足，但都表達和抒發了人類內心世界共有的願望和追求。它賦予了神靈可以千變萬化，同時又是可以支配人間善惡美醜的最不可猥褻的力量。

在人們的心中，神是最高的法官，神的旨意是至高無上的；而在神的眼裡，人類卻是渺小脆弱的，一切自身難以裁決的事情都由神來做最後的評判。然而，神話畢竟是人類創造的，在把神做為理想的化身，賦予神完美品質的同時，人的情感也不免夾雜在其中。因此，神變得鮮活起來，他們也分為三六九等，也有七情六慾，甚至還會使用一些哄騙的伎倆。

人類的感情世界是豐富多彩的，他們同樣在神話故事中盡情抒發著自己的喜怒哀樂。古羅馬人崇拜神，但並不賦予神明過分的崇高性，也不把神明做為道德衡量的標準，而是把他們做為人生的折射。正是這種樸素的人本精神，散發出了永恆的魅力，令人百讀不厭，成為後世文學藝術創作豐富的材料源泉。在當前這個物慾橫流的時代，神話的世界就像一處世外桃源，做為人們內心最真實的追求而永遠存活在我們的心靈深處。

翻開本書，你不僅可以讀到新穎別緻、令人稱奇的各種人神故事，瞭解古羅馬的歷史，還可以啟迪心智、開闊視野、增長智慧。

編著者選取了100個最具代表性的古羅馬神話故事，同時配有100個知識點和131幅相關的圖片，這些精美的圖片大部分都是世界名畫，不僅加深了讀者對神話故事和人物的認知，還增強了版面的視覺效果。本書在語言的運用上活潑凝練，在情節的設置上懸念迭起，每一篇故事都閃耀著思想和智慧的光芒，流淌著哲學和文化的力量，是瞭解和感悟古羅馬神話故事最理想的入門圖書。

# 目錄

## 第一章　眾神閃耀的星空

## 第二章 眾神的千年之戀

## 第三章　經久不息的人神大戰

## 第四章　羅馬不是一天建起來的

# 第一章
# 眾神閃耀的星空

STORY **001**

# 開啟眾神之門

## 神話從亞努斯開始

TIPS

羅馬廣場建有亞努斯神廟，戰時廟門大開，亞努斯神庇護戰士出征；戰爭結束，廟門關閉，以示和平。

「士兵們，開始我們偉大的征程吧！」一個粗獷而洪亮的聲音響徹整個廣場，「偉大的亞努斯神會保佑我們戰無不勝的，現在請從亞努斯神的腳下走過去，接受祂的祝福吧！」

隨著這道奇怪的命令，士兵們排成一列列整齊的隊伍，從廣場前方巨大的雙面人像下穿過，口中歡呼著：「偉大的亞努斯萬歲！偉大的亞努斯神會保佑我們戰無不勝！」雙面人像一面有一把鑰匙，一面有一把矗立在地上的長杖。這座神像就是古羅馬神話中的門神——亞努斯神。

亞努斯，古羅馬神話中戰爭庇佑神，祂有兩副面孔，一副面孔看向過去，一副面孔看向未來。起初，亞努斯神是太陽和光明之神，掌管天門的開啟和關閉。祂創造了人類，還在大地上刻畫了一道道河流、山泉，並教會人類造船遠航，亞努斯還是象徵一切事物開始的神。人們向眾神祈禱時，總先唸亞努斯神的大名，祈求祂從開始到現在以及未來都庇佑羅馬人。

在古羅馬戰爭的祭祀中，士兵出征時總先祭祀亞努斯神。

神話也因此開始……

STORY 002

# 虎毒不食子，神仙卻吃人

## 薩圖恩吞食嬰兒

TIPS

在羅馬神話中，薩圖恩是農神和播種之神，是眾神之王朱庇特的父親。

隨著時間流失，光禿禿的大地上長出了茂盛的植物，成群的動物遊蕩在河畔、草原以及大地任何一個角落，鳥兒在枝椏上歡樂地歌唱，清澈的河流倒映出湛藍的天空。快樂的人類也在盡情地歌唱、舞蹈，慶祝神的節日，而神祇也在空中注視著祂們。忽然，神祇在空中說：「獻上你們的孕婦，我要將她們肚子裡的嬰孩收歸到我的身邊。」話音剛落，人類便停止了慶祝，呆呆地望著湛藍的天空，雖然不明白神的真正用意，但祂們還是照做了，一群群孕婦被集中在偌大的廣場上，供神的挑選。

「偉大的薩圖恩神，僕人按照祢的吩咐將孕婦集中獻祭，請您挑選。」一位被人類推舉出來的首領，也就是巫師，匍匐在地上大聲喊道。

那些孕婦的臉上都帶著欣喜的神色，她們的孩兒能侍候神可是一件無上榮光的事情。薩圖恩神滿意說道：「神會庇佑你們的！」隨之而來便是一片漆黑，廣場上傳來一陣撕心裂肺的喊叫。人類急忙燃起了火把，只見一群群孕婦在地上痛苦地翻滾，那情景十分恐怖，她們的下體流出了殷紅的鮮血，將大地染成了紅色。

原來薩圖恩神竟將她們肚子裡的胎兒硬生生拽了出來……飄浮在天空中的薩圖恩神，舔了舔嘴角殘留的血液，幸災樂禍地觀

看這一幕人間慘劇。聰明的人類頓時明白了薩圖恩神的詭計。可是又沒辦法與之抗爭，只好忍下了這口氣。

薩圖恩神吃掉了數十個胎兒，拍了拍鼓脹的肚子，降下神諭說：「你們的孩子在天庭生活得很好，神會好好照顧祂們的，現在，神賜予你們風調雨順，在你們西方有一群牛羊，那是神給你們的食物。」

人類聽後口是心非地歡呼：「感謝偉大的薩圖恩神！」

**薩圖恩是古羅馬神話中率先食人肉的神。**

就這樣，一場風波在人類的忍受下平靜地過去了。但事情還沒完，薩圖恩的妻子瑞亞為祂生下一個兒子，長著一副白淨而俊秀的臉龐，還沒滿月就能開口說話了。瑞亞十分喜歡祂，可是薩圖恩卻皺著眉頭盯著瑞亞懷中的孩兒，心中有一絲不好的預感。當年，祂的父親亞努斯曾詛咒過祂，說祂將被自己的兒子推翻甚至殺害！薩圖恩不敢冒險，就趁瑞亞不備將她懷中的嬰兒吸進口中，吞了下去。瑞亞被薩圖恩的行為弄得莫名其妙，急忙問：「你在做什麼？孩子呢？」

「吃了。」薩圖恩轉身朝外飛

去，留下瑞亞一人呆坐在床上。

時光女神瑞亞向丈夫薩圖恩討要被他吞食的愛子。

「這是第五次了，為什麼你連自己的孩子都不放過！」瑞亞捶打著床沿無助地哭喊道。可是誰會聽到呢？聽到又有什麼辦法阻止呢？

瑞亞強迫自己冷靜下來，做為天空之神薩圖恩的妻子，瑞亞掌握著時間，是唯一的時光女神。她有一頭美麗的長髮，薩圖恩也因此愛上了她。瑞亞思慮了很久，都沒想出一個好辦法。

一天，她拖著疲憊的身軀，巡視著大地，忽然聽到地上傳來哭泣聲，好像有很多人在哭泣。瑞亞壓制不住好奇心，降落在大地，幻化了身形，循著哭聲走去。她看到一群人正對著石柱哭泣，她立刻施展神力，讓時間為自己解答。

「你這個可惡傢伙，吃了自己的孩子還不夠，竟然連人類也不放過！」瑞亞看到薩圖恩在空中對人類教唆，而聰明的人類已經發現了祂的陰謀。瑞亞禁不住落下了悲傷的眼淚，當她看到石柱時，忽然想到了什麼，轉身朝天空飛去。

STORY **003**

# 石頭換太子

## 朱庇特降生記

TIPS

克里特島是希臘古老文化中心、地中海著名旅遊地點。島四周是萬頃碧波，因而有「海上花園」之稱。

「千億頓足攔道哭，哭聲直上雲霄。」自從聰明的人類發現薩圖恩要求獻祭孕婦的陰謀後，每隔一段時間他們總會不由自主地聚集在廣場為死去的嬰兒哭泣，廣場上那一根根石柱就代表著獻祭的嬰兒。

天上的薩圖恩被地上傳來的哭聲鬧得心煩意亂，整日坐臥不安。「十月懷胎，再等一個月就有嬰兒出生了，到時候我就能以神的名義接受他們的獻祭。」薩圖恩這樣安慰自己道。

朱庇特出世時，母親瑞亞將一塊石頭包起來代替孩子，給丈夫吃掉了，朱庇特因此倖免於難。

「其實，這個時候去也不錯，反正自己也沒事做。」薩圖恩轉念一想九月和十月差不多，為什麼還要多等一個月呢？於是，薩圖恩飛到雲端，去實行自己的陰謀。讓薩圖恩沒有想到的是，此時自己的妻子瑞亞再次生下了一個兒子。薩圖恩按照以前的方式降下神諭命令人類獻祭孕婦，滿足了自己的口腹之慾後，便賜予人

類牛羊之物。

飽食一頓的薩圖恩心情大好，回到家後，居然對妻子瑞亞甚是客氣，瑞亞可不這麼想，她一直防備著薩圖恩，尤其是現在，她剛剛才把嬰兒藏在床下。薩圖恩看到妻子臉色蒼白，那一雙清澈的眼睛盯得自己渾身不自在，想到近日來並未陪伴在妻子身邊，不免有些愧疚，祂急忙來到床前，關切地問：「美麗的瑞亞，妳的臉色怎麼如此蒼白？」

「沒什麼。」瑞亞躲開薩圖恩伸過來的大手，冷冰冰地說道。

「喔，看來我不太受歡迎。」說完，薩圖恩作勢要走。眼角忽然看到被單露出襁褓的一角，他轉頭看了妻子一眼，見瑞亞側著臉盯著牆壁發呆。薩圖恩見瑞亞並未注意露出了破綻，暗中將襁褓拉了出來，吞進口中。做完這些，祂發現瑞亞依舊保持著先前的姿態。薩圖恩嘴角揚起一絲微笑，踱著步走出門去。

瑞亞怎能不知道薩圖恩卑劣的行為呢？那是她故意露出來的，目的就是讓薩圖恩把襁褓裡包著的石頭當做嬰兒吃掉，這樣她就救下了自己的孩子。在薩圖恩走遠之後，瑞亞拖著虛弱的身體，抱起嬰兒，朝下界飛去。在大地之神特拉的幫助下，她將嬰兒交給克里特島上一位巨人守護。

STORY 004

# 兒子也造反

## 朱庇特打敗父親做天神

TIPS

薩圖恩，據說是巫師的保護神。實際上，他最初是礦工的保護神，後來也就順理成章地成為支配地獄的神。此外，他也是率先食人肉的神。薩圖恩最著名的的標誌是手中的那把大鐮刀，相傳巫師最常用的武器也是一把隨身攜帶的鐮刀。

瑞亞在大地之神的幫助下把兒子朱庇特送到克里特島上，交給庫雷特巨人照看。不久，大地之神降下神諭說：「英勇的庫雷特巨人們，為了安全，我以神的名義，當小生靈哭鬧，偉大庫雷特巨人們將用巨力震鼓慶祝，淹沒他無理的哭鬧聲；若天空出現雄鷹，偉大庫雷特巨人將會讓植物把小生靈包圍；山羊奶將是他的食物，巨龍將為他帶來美酒。」

朱庇特在島上快樂地成長。

一天，剛剛成年的朱庇特聽到島外傳來一陣密集的戰鼓聲。原來，人類在正義神的支持下，拿起武器反抗薩圖恩殘暴的統治。朱庇特衝出島外，看到天上集結了一群身披金色戰甲的士兵們，而地上則是一群衣不遮體的人類，他們手中全是高低不一削尖的竹竿。

「哦，難道你們要去送死嗎？」朱庇特逕自走向人類，勸阻道。

「戰死總比欺壓死好！」一個領頭的人見朱庇特毫無敵意，便義憤填膺地向他控訴。

「不，我不允許和天神戰鬥，至少你們要等我，我會幫助你們，我以神的名義。」朱庇特舉起右拳宣誓道。

「喔，可是……」

「別可是了，你們快跑，我來阻擋他們。」

**在克里特島上，朱庇特被撫養長大。**

在朱庇特的幫助下，人類集結的烏合之眾四散逃開尋找藏身之處。而朱庇特則飛到天神軍隊的陣前，喊道：「誰是首領，你們做為神祇居然會屠戮自己的子民？」

從軍隊中走出來一位戰盔上插著一根長長羽毛的神，他身上的戰甲閃耀著白色的光芒，來人見到陣前只有一個乳臭未乾的年輕人，頓時起了輕視之心，暗道：「一個黃毛小子，能有多大的本領！」嘴上卻說著：「我就是首領。」

「我要和你單打獨鬥，贏了你們都聽我，輸了我任憑你發落。」朱庇特死死盯著這位首領一字一句地說道。

這位首領不是別的神祇，正是朱庇特的父親薩圖恩，他親率大軍前來剿滅人類。薩圖恩盯著朱庇特看了看，半晌才說道：「不，神祇是不會和你決鬥的。」說罷，轉身走向軍隊中。而此時，大地之神用她特有的方式告訴朱庇特：「孩子，那是你的父親，你的兄弟姐妹都被他吞到肚子裡了，你要先把他們救出來。」

朱庇特怔怔地聽著大地之神的傳話，頭腦飛速地旋轉，不多時便想出了一個辦法。晚上，朱庇特一人趁著夜色，來到薩圖恩軍隊駐紮的地方，他觀察了一下四周的情況，幻化成普通的士兵，跟隨在巡邏隊的後面，悄悄潛入薩圖恩的軍帳中。薩圖恩正在帳中和手下喝酒，朱庇特見是個機會，忙把剛剛製作的催吐藥悄悄倒進喝得半醉的薩圖恩杯中。不多時，薩圖恩感覺肚子裡翻江倒海，嘔吐出一大堆還未消化的食物，連吃進肚中已長大成人的五個孩子也吐了出來。

「快跑！」朱庇特見到計謀成功，一腳將薩圖恩踢暈了過去，拉著剛從薩圖恩肚子裡出來的兄弟姐妹一路衝出包圍，安全脫險。

朱庇特剛將自己的手足救出來，還沒來得及喘口氣，薩圖恩就帶著軍隊追了上來。朱庇特和自己的兄弟姐妹合力將父親打傷，從而擺脫了追兵。

生活在克里特島上的普羅米修士建議朱庇特將囚禁在地下的獨眼巨人和百臂神靈放出來。朱庇特二話不說將地獄打開，釋放了這兩位神祇，在他們的幫助下，終於打敗了薩圖恩和泰坦神，並將他們囚禁在地獄的最深處。

STORY **005**

# 禍起蕭牆

## 三兄弟爭奪第一把交椅

薩圖恩被囚禁在地獄最深處，失去了高高在上的榮耀和統治天空、大地、海洋的權力。由此產生的一系列戰後問題，令朱庇特很是煩惱。俗話說，國不可一日無君，朱庇特和他的兄弟們都希望自己能坐上眾神之王的寶座。

朱庇特的大哥普路托和二哥尼普頓都是強而有力的人選，他們在戰爭中所做的貢獻並不比朱庇特少。這天，他們三兄弟集合在廣場上，普羅米修士在廣場中間祭祀臺上放一個晶瑩剔透的杯子，他對圍在四周的眾神喊道：「這是地母賜予我們的無上榮耀，新一任眾神之王將從這裡誕生。」

朱庇特、普路托、尼普頓三人互相對望一眼，不由得低下頭任憑普羅米修士在上面演講也不挪動腳步。這時，扶持了兩任眾神之王的大地之神出現在祭祀臺上，她對著朱庇特三兄弟招呼道：「過來，孩子們，眾神之王就在你們三人之中產生。」大地之神話音剛落，朱庇特、普路托、尼普頓

**朱庇特既是眾神之王，也是人類之王，他莊嚴的神情表現出了駕御風暴的力量，同時也顯示了控制星空的魅力。**

TIPS

朱庇特做為天空之神，掌管風雨等各種天象，霹靂、閃電是他用來向人類傳達自己意志的手段。他掌握人間一切事務，與命運之神混同，但有時他自己也不得不聽從命運的安排。

海神尼普頓和智慧女神密涅瓦。

三兄弟居然飄浮在空中，朝祭祀臺上飛去。

「各位，他們三人誰當眾神之王我都沒異議，但眾神之王只能有一位，所以，我將天空、地獄、海洋分別寫在三塊玉石上，抽到天空，做天空之神；抽到海洋，做海洋之神；抽到地獄，做地獄之神；你們三位開始吧。」大地之神將三塊玉石放進杯中，輕輕搖晃：「為了公平起見，我將你們的神力封閉，事情完成後，自然會恢復。」這樣，所有的神祇都變成了普通人。

普路托先把手放進杯中，用手撫摸了一陣子，拿出一塊玉石，交給最公正的普羅米修士，普羅米修士看了一眼說：「普路托，地獄之神。」普路托一臉沮喪，搖搖頭嘆息說：「我的運氣實在是太差了！」

接下來是尼普頓，他並不像普路托那樣謹慎，他從杯中隨便挑了塊玉石，遞給普羅米修士道。

「尼普頓，海洋之神。」

「下面我宣布新一任天空之神，眾神之王是朱庇特。」普羅米修士站在第一任神王亞努斯神像前宣布道。

STORY 006

# 超級資深美女

## 天后朱諾迷倒眾神

朱庇特將自己的兄弟姐妹從父親的肚子裡救了出來，其中就有一位亭亭玉立的少女—朱諾，她的美麗讓太陽失去了光彩，讓月亮為之驚嘆。眾神驚豔於朱諾的美麗，稱讚她是最完美的女神。

朱諾酷愛探究和學習，期望自己將來能成為一個無所不能、當之無愧的女神。她向時序女神追問世上所有的問題，並不厭其煩地聽她的各種講解。漸漸地，朱諾掌握了宇宙的所有奧祕，她經常對著天空大聲宣布：「我多希望能做天后啊！」

在朱諾生活的這片土地上，所有動物中她最喜歡一種尾巴酷似星空的鳥，這種鳥就是日後與她形影不離的孔雀。後來，朱諾與坐在鷹背上的朱庇特發生了戀情。

**天王朱庇特與天后朱諾。**

一天，朱庇特在巡視大地時發現朱諾正在樹林中散步，他驚豔於朱諾的美麗，便萌生了追求朱諾的念頭。於是降下甘霖，自己則化做杜鵑，佯裝躲雨，藏在朱諾的衣襟內。他

TIPS

朱諾掌管婚姻和家庭，羅馬人稱她為「使嬰兒見到日光」的女神，是忠貞妻子的象徵，同時也是婦女的保護神。

趁朱諾在樹下避雨時，顯出身影，熱烈地擁抱著朱諾，發誓非她不娶。朱諾早鍾情於朱庇特，見眾神之王如此動情，便答應了。

在朱庇特和朱諾舉行婚禮時，眾神令大地生出許多蘋果樹，樹上結滿了金色的蘋果，這些蘋果樹就是生命樹。朱諾的文采和迷人的外表讓來參加婚禮的神祇為之傾倒，但懾於朱庇特的威嚴，誰也不敢做出過火的舉動。

朱諾婚後不久，下界有一個叫安提戈涅的美麗女子，長著一頭金色的長髮，她聽說世界上最美的女子是朱諾，不由得萌生了和天后比美的念頭。她對著天空狂叫著：「神啊，我是這世界上最完美的女人！尤其是我那一頭美麗的長髮，所有的人都自愧不如。」

天后朱諾聽後，在盛怒之下，將這個狂傲女人的頭髮變成了毒蛇，折磨並撕咬她的皮膚，十分恐怖。朱庇特很同情安提戈涅，就把她變成了一隻仙鶴的模樣，可憐的姑娘從此只能對著河水自怨自艾了。

最美的天后朱諾有最強烈的嫉妒心，這讓眾神噤若寒蟬，再也不敢打她的主意了。

STORY **007**

# 光明照耀大地

## 福波斯成為太陽神

太陽神的宮殿，是用最華麗、最龐大的圓柱建成的，上面鑲著最漂亮、最璀璨的寶石和金燦燦的黃金；雪白的象牙妝點著飛簷；大門上雕著美麗的花紋和人像；大殿最高處的座位鑲著耀眼的綠寶石。這座宮殿是眾神中最華麗的宮殿，它散發著金黃色的光芒，看上去十分耀眼。此時眾神之王朱庇特正封賞眾神，以慶祝「泰坦之戰」的勝利。

「偉大的王，請把太陽神一職賜予僕人吧，讓僕人分擔你的憂愁，將光和熱傳達人類。」穿著古銅色衣裳的福波斯從人群中走出來，對著高高在上的朱庇特，低下頭說道。

朱庇特沉浸在勝利之中，勝利的喜悅使他忘記了正在值日的太陽神，他隨口說道：「好吧，我將太陽神一職賜予你，你將擁有太陽般刺眼的光芒，大地將因你而充滿光明，人類將感激你的賜予。」說完，福波斯的身上發出了金色的光芒，古銅色的衣裳瞬間變成了金黃色的戰甲。他那略微飄起的長髮藏於頭盔中，削

TIPS

福波斯全稱福波斯·阿波羅，被視為司掌文藝之神，主管光明、青春、醫藥、畜牧、音樂等，是人類的保護神、太陽神、預言之神、遷徙和航海者的保護神、醫神以及消災彌難之神。

瘦的瓜子臉在金光的映照下顯得十分英俊。

「謝過王上的賜予。」福波斯臉帶微笑從大殿中退出，飛回屬於自己的太陽神宮殿。從此，太陽神福波斯駕著太陽車，將光和熱灑遍了大地和人類。

福波斯是朱庇特的長子，他出生於阿斯特利亞的一座浮島提洛島之上。福波斯出生時，天后朱諾無法容忍別的女神為朱庇特生下孩子，便降下神諭禁止大地給予她分娩之所。痛苦的勒托到處奔波，尋找能容下自身的地方，可是整個大地都在天后朱諾的神諭下，不敢接納勒托。

走投無路的勒托眼見孩子就要出世了，急得焦頭爛額。最後，她妹妹阿斯忒里亞化成的「無明島」，接納了勒托。海洋之神尼普頓本來就看不慣天后朱諾的行為，他用神力使海底升起四根金剛石巨柱，巨大的金剛石巨柱將浮島固定了下來。勒托在這裡生下助產及狩獵女神狄安娜，在狄安娜的幫助下，福波斯終於來到了世界上。

太陽神福波斯與牧人們在一起。

善妒的天后不容許狄安娜和福波斯的存在，暗地傳下神諭要將狄安娜

和福波斯殺死在搖籃中。海洋之神尼普頓咒罵著朱諾：「小氣而可惡的朱諾，竟然要對兩位剛剛出生的神祇下毒手，這樣的神根本不配成為偉大而高貴的天后，做為海洋之神，我以神的名義拒絕妳任何的命令！」言罷，海洋之神尼普頓將勒托和她的孩子一起接到海洋之神的宮殿。嫉妒而小氣的朱諾被尼普頓氣得火冒三丈，卻拿尼普頓沒有辦法。就這樣，福波斯和他的母親、姐姐被尼普頓救了下來。

福波斯與狄安娜。

最後，福波斯成了太陽神，狄安娜成了月神和狩獵女神。

STORY **008**

# 來回奔波為哪般

## 神的使者墨丘利

TIPS

羅馬的祈禱儀式和官方祭司將他們的神分成兩類：第一類是羅馬原始的神；第二類是羅馬歷史上在某一個確定的時間為了應付某一件大災難而引入的。

從前，有個樵夫在河邊打柴，不小心將斧頭丟進河裡，他尋找無果，傷心地坐在岸邊痛哭。墨丘利為朱庇特送信時正好經過，問明他哭的原因，很可憐他，就跳進河中撈斧子。

「是這個嗎？」墨丘利從水面露出腦袋，晃了晃手中金燦燦的斧頭喊道。

樵夫搖搖頭，表示不是自己的，墨丘利只好潛入水中繼續尋找。

第二次，墨丘利又晃著一把銀色的斧頭問道：「這個是嗎？」

樵夫依舊搖搖頭，說道：「這不是我的斧頭，我的斧頭是黑色的，只有開刃處是白色的，斧頭柄是木頭做的。」墨丘利思考了一下，潛入水中，不一會兒冒出水面，喊道：「是這個嗎？」

樵夫看到墨丘利手中的斧頭正是自己描述的那種，忙道：「是，那正是我的斧頭，謝謝你！」樵夫對著在岸上整理衣服的墨丘利不斷鞠躬道謝。

「不用客氣，這兩把斧頭我送你了。」墨丘利將兩把斧頭遞給樵夫，轉身就消失了。

樵夫怔怔地看著墨丘利消失的地方，好半天才回過神來。他回到家，把事情講給了夥伴們聽。有個夥伴聽後，想去弄點好處，便按照樵夫所說，拿了一把斧頭去河邊砍柴，他故意把斧頭扔進河中，然後坐在河邊痛哭。

神使墨丘利與兒時的巴克斯。

不久，墨丘利再次經過，問他為什麼在這裡哭泣，他說他的斧頭掉進河中找不到了。墨丘利聽後潛入水中撈起一把金燦燦的斧頭問道：「這是你的斧頭嗎？」

那人看到金燦燦的斧頭，揉了揉眼，使勁地點頭道：「是我的，是我的。」

墨丘利見對方露出一副貪婪的神色，立即明白了他的用意，不但沒有給他金色的斧頭，還把他丟進河中。

墨丘利嘆道：「真是世風日下，人心不古。一把小小的斧頭就可以看出人心！」說完搖搖頭繼續送自己的信。

**墨丘利站在中央，旁邊的兩位是孿生兄弟達納特斯和希普托斯。他們正在搬移薩耳珀冬的屍體前去死亡世界。**

墨丘利不但是朱庇特的傳達者，還是路人的保護神。他聰明伶俐，機智狡猾，被小偷尊視為欺騙術的創造者。

在他還是個睡在搖籃裡的孩兒時，有一次趁母親沒有發覺，就掙脫了襁褓，溜出山洞。在路上，他殺死了一隻大烏龜，用烏龜的殼、三根樹枝和幾根弦做成了第一架七弦琴。還有一次，他跑出山洞，在皮埃里亞山谷，偷走了福波斯的五十頭牛，為了不留痕跡，他把牛腳綁上葦草和樹枝。當他趕著牛群經過玻俄提亞時，遇到了一位老人，他讓老人不要告訴別人。

可是他後來又不放心，於是又變成另一個模樣找到老人，問他是否看見一個小孩趕牛走過，老人不知內情，就告訴了他小孩的去向，墨丘利十分生氣，就把老人變成了石頭。隨後，他回到

森林，繼續把牛往前趕，到皮洛斯後，他殺了兩頭牛祭神，其他的藏於山洞。

做完這一切後，他若無其事地回到母親的住處，爬進搖籃。可是母親發覺了他的行動，就責備他太魯莽，並擔心福波斯會報復他們。果然福波斯發現自己的牛被盜後，就向墨丘利找來，朱庇特也命令墨丘利交還牛群。當福波斯拉著自己的牛出山洞時，墨丘利正坐在山洞口的石頭上彈琴，美妙琴聲使福波斯異常陶醉，他竟然答應用牛換琴，墨丘利終於還是得到了這些牛。

墨丘利曾和眾神開過一個玩笑，他偷走了朱庇特的權杖、海神的三叉戟、福波斯的金箭和銀弓、戰神的寶劍。

STORY 009

# 好鬥是我的天性

## 戰神馬爾斯

TIPS

馬爾斯是朱庇特與朱諾之子，維納斯的情人，他是羅馬軍團崇拜的戰神中最重要的一位。後來，隨著羅馬帝國的擴張，馬爾斯成為了戰爭的象徵，等同希臘神話中的阿瑞斯。但與阿瑞斯不同，馬爾斯一般備受敬畏，跟朱庇特一樣是最受尊崇的神祇。

在古羅馬，有一位神能與主神朱庇特並列，他就是戰神馬爾斯。馬爾斯是朱庇特和朱諾的孩子，他頭戴插翎的盔甲，臂上套著金黃色的護袖，手持巨大的鋼矛。

戰神馬爾斯被智慧女神密涅瓦打敗。

馬爾斯是勇氣和勝利的代表，是羅馬人的始祖。但是他和智慧女神密涅瓦不和，他們之間經常爭鬥，連主神朱庇特都無可奈何。按理說戰神應該是戰無不勝的，但和智慧女神密涅瓦爭鬥中，他卻是敗績連連，到頭來還被密涅瓦刺傷了腰部。

這件事發生在特洛伊戰爭中。馬爾斯在戰場上瘋狂地戰鬥，在他後面就是特洛伊城，為了保護特洛伊城不被敵人攻陷，馬爾斯一直頑強抵抗。得到朱庇特允許的密涅瓦將普路托之帽戴在頭上，隱去了身影，朝馬爾斯衝去。

這時，馬爾斯看到希臘國王狄俄墨得斯在遠處指揮著一群群士兵不斷衝擊，便將手中的標槍朝希臘國王狄俄墨得斯投去，試圖將對手擊殺。狄俄墨得斯躲在馬車內，不時地探出腦袋指揮著軍隊。

馬爾斯的標槍正好擊中了馬車橫樑，狄俄墨得斯驚叫一聲將頭縮進了車廂。密涅瓦順手將馬爾斯扔出的標槍拔起，轉身投向馬爾斯。馬爾斯看不到密涅瓦的身影，眼見標槍就要擊中自己，他慌忙一個側身，抓住槍桿，吼道：「卑鄙的人類，現出你的卑微身影吧，不要讓偉大的戰神將你扼殺在這裡。」

密涅瓦冷哼一聲，趁馬爾斯分神攻擊狄俄墨得斯的時候，將朱庇特借給自己的雷電槍，刺進馬爾斯腰部鎧甲縫隙中，戰神馬爾斯痛得大聲喊叫，叫聲驚天動地，就像是從地獄傳來千百萬鬼魂的哀嚎。正拼殺的特洛伊和希臘士兵都嚇得放下武器，趴在地上瑟瑟發抖。

被擊中的馬爾斯從空中跌落地上，巨大的身軀壓死了不少的士兵，密涅瓦沒有放棄這個機會，趁馬爾斯跌落地上的時候，從空中發起了最後一擊。躺在地上的馬爾斯睜開眼看到空中顯現出身影的密涅瓦正拿著武器朝自己衝來，慌忙一個側身，躲開密涅瓦的攻擊，對著她罵道：「為何要再次挑起神對神的爭鬥？還記得你慫恿狄俄墨得斯、圖丟之子出槍傷我的事嗎？現在，我要你血債血償！」

說完，嗜血的馬爾斯抽出穗條飄灑的神物，連朱庇特的霹靂都拿它無可奈何。馬爾斯拿著穗條對著密涅瓦扔去。密涅瓦連連後退幾步，伸出壯實的雙手，拔起旁邊的一座山，朝馬爾斯的穗條扔去。馬爾斯的穗條將巨大的石頭分割成無數塊，冷靜的密涅瓦將插在地上的標槍輕輕一挑，將馬爾斯的穗條纏住，連帶標槍一起扔到遠處，緊接著，趁馬爾斯在驚訝於自己實力的時候，撿

起地上被穗條分割出最大的巨石，砸向馬爾斯的脖子。

馬爾斯被砸軟了四肢，他伸攤著雙腳，睜大眼睛呆呆地看著密涅瓦，不相信眼前發生的一切。密涅瓦放聲大笑著，得意洋洋對躺在地下的馬爾斯炫耀著：「你這個笨蛋，我告訴你，我可比你強多了，你只知道用力氣去拼，卻不懂得用智慧去消滅敵人。今天，你幫著特洛伊人抵抗阿開亞的行為使母親勃然大怒，謀劃著使你遭殃。」說完，密涅瓦睜著明亮的眼睛，看向遠方。

這個時候，朱庇特另外一個女兒維納斯悄悄來到馬爾斯的身邊，牽住他的手，將他帶離戰場，馬爾斯一路痛苦地嚎叫著，身上的力量不斷流失。

馬爾斯和他的情人維納斯。

STORY **010**

# 有錢又有權，只是住陰間

## 冥王神普路托

冥王普路托，他好像命裡註定就是一個做冥王的料，你看他一臉的鬍鬚，頭髮蓬亂不堪，神情嚴肅且不苟言笑，沒有人敢跟他說話，也沒有人敢跟他對視，誰見了都繞著走，生怕被他拉進地府。

他工作的地方在黑暗的地下，那裡沒有陽光，沒有綠樹，更沒有百花的芳香。陰森森的空氣在四處緩緩遊走，帶來一陣陣令人膽寒心悸的陰風，讓人覺得毛骨悚然，四肢發軟。

冥王和地獄的惡犬。

普路托有一座高大威嚴的宮殿，但是宮殿的顏色是黑色的，給人一種恐怖的感覺，這也許是為了襯托他的相貌而故意修建的吧。誰能說的清呢，反正他掌管的地方，要是活人來了，準被嚇得丟掉三魂七魄，更何況

TIPS

冥王星是九大行星中離太陽平均距離最遠，質量最小的行星。它在遠離太陽五十九億千米寒冷陰暗的太空中孤獨地前行，人們將其比做羅馬神話中住在地下宮殿中的冥王普路托。

**普路托所在的冥府。**

他宮殿門口還有一隻三個頭的怪犬。在他王位的左邊，是三個容貌醜陋的女人，不僅醜陋而且恐怖，她們頭上纏繞著的毒蛇，下到地獄的人，誰也逃脱不了這三個女人的追逐；王位的右邊，是三個面目猙獰的判官，他們負責給來地獄的人歸類，或好人或壞人，以便賜給他們合適的懲罰。

當年流浪到義大利的埃涅阿斯在創建新城之前曾經到這個鬼門關來過一次，到處是呻吟，到處是哀鳴，到處是蒼白的表情，到處是酷刑，那情景，在埃涅阿斯的描述中，比他在路上的任何一次歷險都可怕。如果不是有神靈西比爾為他指引，他恐怕就回不到人間了。當然如果沒有西比爾的指引，他也不敢去冥府。

在冥府最深處遭受懲罰的人是永遠也得不到解脫的，不管是饑餓還是勞累，不管是灼燒還是水浸，懲罰永遠是無休無止的。你看饑餓難耐的坦塔羅斯，永遠也搆不著就在他眼前晃來晃去的蘋果；你看伊克西翁被綁在一個旋轉的火輪上不停地轉，像烤羊肉一樣來回的翻滾；還有那新婚之夜殺死自己丈夫的達那伊斯姐妹，這姐妹倆不停地往一個大木桶中灌水，可是那木桶是露底的，她們就是累死也灌不滿木桶。

在冥府還有一條叫做斯提克斯的河，這條河不僅又深又寬，還處處是漩渦。從這條河可以通向外界，當然從外界新到地獄的人，是必須經過這條河的，過了河，死人的亡靈就可以在地獄安家落戶了，相反，如果過不了河，那亡魂只能在野地裡遊蕩。

一個人死後，如果有個正式的葬禮，他的亡魂就可以度過冥河，在冥府落戶。相反，如果沒有葬禮，亡魂就只能在外面遊蕩，比如特洛伊戰爭中死亡的士兵，以及埃涅阿斯逃亡路上被海水淹死的同胞。埃涅阿斯在建新城之前，在這曾經見到過大量的特洛伊人的亡魂，給他帶來很大的震撼，這讓他以後更加的珍惜自己以及士兵，甚至一些俘虜的生命。

對於這個陰曹地府，冥王普路托並不反感，他倒是很樂意住在這裡。當然了，除了這些亡靈以外，地下還有很多財寶，像一些貴重的金屬，都歸普路托所有。

STORY **011**

# 我很醜，但我很溫柔

## 火神伏爾岡迎娶美神維納斯

**TIPS**

伏爾岡是火神，亦是諸神的鐵匠，具有高超的鍛造技術，製造了許多著名的武器、工具和藝術品。福波斯駕駛的日車，丘比特的金箭、銀箭都是他打造的。

從海中誕生的維納斯，最初為豐收女神，眾神都傾心於她美麗的容貌和惹火的身材，就連眾神之王朱庇特也不例外。當朱庇特遭到維納斯的拒絕後，不由得火冒三丈：「難道眾神之王就配不上你嗎？那好吧，既然你的眼光如此高，那麼我將你嫁給最醜陋的神！」言罷，朱庇特將伏爾岡喊來，說：「我將最美的女神維納斯嫁給你，親愛的孩子。」

**維納斯誕生。**

伏爾岡是天后朱諾的親生兒子，因為他天生瘸腿，面貌醜陋自小就被天后朱諾拋棄，逐至人間。伏爾岡被逐到人間後便不肯回去了，他迷戀上人間美麗的風景，在人間將自己的光和熱發揮得淋漓盡致。

他學會了打造武器，因為技術高超在人間盛名遠播，連眾神之王朱庇特也知道他的大名。朱庇特派酒神將伏爾岡灌醉背回天上，給伏爾岡安排了鐵匠一職，負責為眾神打造武器和藝術品。

伏爾岡與維納斯。

伏爾岡聽到朱庇特要將愛與美女神維納斯嫁給自己，驚訝地張大嘴巴，盯著朱庇特發呆。「孩子，你不用這樣，這是你父神的旨意，無論你答不答應，父神都會將她嫁於你。擇日迎娶吧，孩子。」朱庇特微笑著對伏爾岡說道。伏爾岡從驚愕中回過神來，對朱庇特拜了又拜，嘴上說著：「偉大的父神，孩兒謝過你的恩賜。」言罷，伏爾岡帶著朱庇特賞賜的珠寶喜孜孜地回家準備迎娶新娘。

話說愛與美女神維納斯聽到朱庇特荒唐的神諭後，嘆了口氣，說道：「這是赤裸裸的報復，母神是不會原諒你的！」

「別管母神會不會原諒我，總之，我的旨意不容任何人的褻瀆。明天伏爾岡，我親愛的孩子將駕駛著四匹金馬來迎娶妳，到時候妳要打扮好看點，畢竟我做為妳的父神，也希望妳能高興地出嫁。」朱庇特高高地坐在王位上幸災樂禍地說道。

「你，可惡！」維納斯一氣之下轉身就走。朱庇特的神諭不容質疑，這點維納斯十分清楚，當年泰坦巨人一族因為違抗朱庇特的旨意，就被他放逐到煉獄中接受永久的折磨。維納斯回到自己的小屋內，傷心地哭了起來。

第二天，火神伏爾岡駕駛著四匹金馬拉著的戰車來到維納斯的小屋，一把將她從屋子裡抱出來，來到朱庇特的神殿，在父親面前正式結為夫婦。就這樣，最美的女神維納斯嫁給了最醜的火神伏爾岡。

STORY 012

# 劈開朱庇特的頭顱

## 智慧女神密涅瓦由此誕生

大地之神蓋亞預言說：「聰慧女神第一個孩子將是女子，她的成就將會超過朱庇特本人；第二個孩子將是男子，命運之輪會將薩圖恩的經歷在他身上重演，他會奪走自己父親的王位。」

朱庇特對蓋亞的神諭很是在意，他在聰慧女神墨提斯臨近生產的時候，巧言騙過墨提斯，乘她不注意的時候將她吞下肚子。就這樣，聰慧女神——正義的執行者被自己的丈夫吞噬了，朱庇特也因此變得聰明起來。但不幸的是，朱庇特的腦袋經常疼痛，有時甚至痛得經常大聲嚎叫。就連太陽神福波斯對此都束手無策，更別說其他的神祇了。

朱庇特眼見眾神之中沒有一位能治癒自己的病症，便降下神諭說：「無

TIPS

密涅瓦是朱庇特的大女兒，兼職戰神，是正義之神。她堅守童貞，與灶神、月神合稱處女三女神。

論是神，還是人類和鬼怪，誰能將我的頭痛病治好，我就會答應他任何條件。」朱庇特的神諭降落到人間和地獄兩界，引起了一陣轟動。人類和地獄中的鬼怪絡繹不絕地趕往天界的入口處，無奈的是，他們都失望而歸。因為朱庇特的頭痛病實在太奇怪了。

朱庇特想早點擺脫惱人的頭痛，就命令眾神之中心思最縝密、技術最好的火神伏爾岡將自己的頭顱打開。

朱庇特托著腦袋對伏爾岡命令道：「快，將我的腦袋打開，把那該死的病根給我找出來！」

在特里通河邊，伏爾岡真那麼做了。令他和眾神驚訝的是，

**密涅瓦與墨丘利。**

從朱庇特頭顱裡走出來一位體態婀娜、光彩照人的少女。她披著精銳的戰甲，右手握著通體潔白晶瑩的鋼矛，這就是力量和智慧完美結合的智慧女神——密涅瓦。密涅瓦一接觸大地，身體便不斷增長，手中的鋼矛和鎧甲也隨著自己的成長而不斷變大，最後密涅瓦長到成人才停止了生長。

密涅瓦從朱庇特頭顱走出來後，朱庇特就將自己的頭顱合在一起，輕輕搖晃著說：「果然不痛了！」這時他發現站立在自己身旁的密涅瓦，不解地問道：「妳是從我頭顱裡出來的？」

「是的。」密涅瓦輕輕地點了一下頭。

「喔，那妳應該是我身體的一部分，如果妳不介意，妳將是我的孩子，我賜予妳叫密涅瓦。」

「謝過父神。」密涅瓦揮舞了一下手中的鋼矛。可是朱庇特心中還對大地之神蓋亞的神諭心存敬畏，不得不對密涅瓦加以戒備。最後朱庇特說：「來吧，和我鬥一場，讓我看看妳的實力！」

還沒等密涅瓦答應，朱庇特就召喚出雷霆，朝她劈去。密涅瓦冷靜地看著頭頂飛來的閃電，不慌不忙，輕搖著手中鋼矛，在自身周圍形成密不透風的圓球，將朱庇特發來的閃電反射給他。朱庇特一個躲避不及，被閃電震得頭昏腦脹，最後只好認輸。從此，朱庇特再也不敢和密涅瓦作對了。就這樣，密涅瓦靠自己的實力獲得了生存的機會。

STORY 013

# 保護人類是我的天職

## 普羅米修士最偉大

TIPS

在古羅馬神話中，人類是普羅米修士（Prometheus）創造的。他也充當了人類的教師，凡是對人有用的，能夠使人類滿意和幸福的，他都教給人類。同樣的，人們也用愛和忠誠來感謝他，報答他。

地日月剛剛被創造出來的時候，高山巍峨，平原遼闊，大海波濤洶湧，天空雲捲雲舒。魚在水中暢游，鳥在空中自由地飛翔。大地上動物成群結隊，花草樹木繁茂蔥鬱，到處煥發著勃勃的生機。但一個具有靈魂的、能夠主宰周圍世界的高級生物人類，還沒有降臨世間。為此，眾神交給普羅米修士和他的弟弟厄庇墨透斯一項非常偉大的任務：塑造人類並賦予人類各種生存的本領。

聰慧睿智的普羅米修士，深知天神的種子就蘊藏在肥沃的泥土中，於是他虔誠地捧起泥土，用清澈的河水將其調和成柔軟的泥巴。可是把未來的人類捏成什麼樣子呢？普羅米修士一時沒了主意。眾多的天神在他的眼前走馬燈似地不停閃現，他思來想去，眼前一亮，決定按照天神的模樣，捏造出一個個人類的形狀。為了賦予這些人類鮮活的生命，他從飛禽走獸的靈魂中慑取了善惡兩種對立的性格，封在人們的內心裡。

為了使新創造的人類區別於其他動物，普羅米修士讓這些人類呈現直立的姿態，用大腿和腳站立行走。很快，第一批人類被捏造了出來，他們到處遊走，繁衍生息，很快遍佈了世界各地。

作為人類的保護神，普羅米修士賦予人類最神奇的智慧本領就是使用火。那時人間沒有火種，人類過著茹毛飲血的生活。由

於他的弟弟厄庇墨透斯把勇敢、力量、快速、伶俐等品質贈予了其他動物，竟沒有剩下什麼像樣的天賦賜予給普羅米修士新締造的人類了。於是普羅米修士來到天界，在太陽神的馬車那裡，點燃了一隻熊熊的火把，偷偷將火種送到了人間。為了幫助人類取得火種，普羅米修士不惜偷盜天火，得罪朱庇特。

朱庇特打敗並放逐了他的父親後，和他的兒子們成為天上神界新的主宰，閒來無事，他們注意到了剛剛形成的人類社會。他們以保護人類為條件，強迫人類敬仰他們。有一次，神和人在西錫安集會商談人類的權利和義務，他們對各自的許可權爭執不休。普羅米修士做為人類的保護神也參加了集會，為了使諸神不要因為答應保護人類而提出苛刻的獻祭條件，便決定運用他的智慧來矇騙各位天神。他代表人類宰殺了一頭大公牛獻祭，他把公牛切成碎塊，分成兩份，請天神選擇自己喜歡的部分。

**普羅米修士造人。**

在這兩份牛肉中，普羅米修士要了一個小小的陰謀，他把所有可食用的好肉部分包在牛皮裡，並將內臟擺在上面；隨後用肥膩的油脂把骨頭包裹起來，看上去像好肉一樣，而且這一份比前一份看上去還要大一些。他的這個小陰謀怎能逃過朱庇特的眼睛，朱庇特決定將計就計，以這個為藉口剝奪人類使用火的權利。

朱庇特故意裝出和藹的表情說：「尊貴的普羅米修士王，我誠實的好朋友，我覺得你把祭品分得不夠公平啊！」普羅米修士聽到朱庇特這樣說，以為騙過了他，暗自得意起來，他說：「神聖的朱庇特，永恆的眾神之首，您就按自己的心願選擇一份人類的虔誠敬仰之心吧。」朱庇特心中雖然氣憤，但表面還是若無其事地拿去了那份包著油脂的骨頭，然後慢慢剝開包著的油脂，看清裡面全是剝得精光的骨頭時，才假裝成上當受騙的樣子，語氣憤怒地說：「我已經看清了，你至今沒有忘記你的欺騙伎倆！」

受了欺騙的朱庇特，決定報復普羅米修士，他拒絕了普羅米修士提出為人類提供生活最重要也是最後一樣必需品——「火」的請求。機敏的普羅米修士立刻想到了一個奇妙的辦法，他找來一根長長的茴香枝，等到飛馳而來的太陽車靠近時，順勢把它伸到太陽車熊熊燃燒的火焰中，迅速點燃。緊接著，他帶著閃爍的火種急忙回到大地上，引燃了一堆乾燥的木柴，火借風勢，風助火威，越燒越旺，烈焰映紅了天空。

朱庇特看見人間騰起了熊熊火焰，頓時惱羞成怒，決定懲罰普羅米修士和人類。他命令手下將普羅米修士捉來，鎖在高加索

受難的普羅米修士。

山上一塊懸崖絕壁上，讓一隻老鷹天天啄食他的五臟六腑，卻總是不能吃光，以此成年累月地折磨普羅米修士。普羅米修士堅強不屈，忍受著這些殘忍的煎熬，他堅信總有一天，會有正義的英雄來解救他。

從此，人類學會了使用火，一步一步真正成為了地球上的萬物之靈。人類之初，不知道如何使用自己的身體四肢，更不知道怎樣運用神賜的靈魂征服萬物。他們視而不見，聽而不聞，漫無目的遊來蕩去，如同行屍走肉，整個人類處於蒙昧野蠻的狀態之中。

普羅米修士教授人類開採石頭、燒製磚瓦、砍伐樹木來修建房屋，並且教會他們觀察日月星辰的升起降落等晨昏變化，使他們懂得計算，並發明文字交流思想。他教導人類馴養駕馭牲畜分擔勞動，學會給馬套上韁繩拉車，騎馬做為代步工具。

為了讓人類在大海上航行，普羅米修士教會了人類製造船和帆。為了解除疾病的痛苦和折磨，他教給人類服用藥物、塗抹膏藥，調製藥劑防治各種疾病。為了讓人們生活得更好，他引導人們探勘地下礦藏，開採冶煉金銀銅鐵等金屬，製造各種器皿首飾，教給他們農耕稼穡，園林技藝，使人們的生活更加舒適幸福。

STORY 014

# 用脊背馱負起青天

## 大力神名副其實

大力神赫丘利斯出生的時候被母親丟到野地裡，天后朱諾剛好從旁經過，不知情的她聽到樹下有嬰兒的哭泣聲，便走上前去觀看。她看到樹下放著一塊襁褓，朱諾將襁褓撿起，發現裡面白白胖胖的嬰兒搖晃著小手在哭，朱諾頓時喜歡上了幼小的赫丘利斯，並用自己的奶汁餵養他，因此赫丘利斯力大無比。

赫丘利斯長到八個月的時候，天后朱諾不知道從哪裡知道的祕密，她發現赫丘利斯居然是朱庇特的私生子，在嫉妒心驅使下，朱諾派兩條毒蛇去害他。而赫丘利斯在朱諾奶汁餵養下，八個月大就有成人那麼高，他把朱諾派來的兩條毒蛇扼死在搖籃

**天后朱諾是神聖婚姻的體現者、施恩愛之神，她那噴射的乳汁曾造就天界的銀河。**

TIPS

赫丘利斯的父親是朱庇特，母親是忒拜王安菲特律翁之妻阿爾克墨涅。他的希臘名字叫做朱諾克勒斯，意為「朱諾給予光榮的人」或「因受朱諾的迫害而建立功業的人」。赫丘利斯是古羅馬人經常用的稱呼。

裡，並逃到了人間。

赫丘利斯來到人間後，做了不少的好事。後來，歐律斯透斯召他服役。他去求神示，神示證實他應為歐律斯托斯完成十二件苦差，在為歐律斯透斯服役期間，他先後完成了十二件大功，前十一件分別是：

(1) 扼死銅筋鐵骨的涅墨亞森林的猛獅；

(2) 殺死勒爾涅沼澤為害人畜的九頭水蛇；

(3) 生擒克律涅亞山裡金角銅蹄的赤牡鹿（一說赫丘利斯不小心殺了牠）；

(4) 活捉埃里曼托斯山密林裡的大野豬；

(5) 引河水清掃奧革阿斯積糞如山的牛圈；

(6) 趕走斯廷法羅湖上的怪鳥；

(7) 捕捉克里特島發瘋的公牛；

(8) 把狄奧墨得斯的吃人的馬群從色雷斯趕到邁錫尼；

(9) 戰勝阿馬宗女人的首領希波呂特，取來她的腰帶；

(10) 從埃里特亞島趕回革律翁的紅牛，途中將兩座峭岩立在地中海的盡頭；

(11) 把冥府的三頭狗刻爾柏羅斯帶到人間，後又送回冥府。

最後一件他在山林水澤女神的指引下，來到高加索山脈。他將普羅米修士解救了出來，並向他詢問金蘋果的下落。

普羅米修士低頭思考一下，說道：「金蘋果只有不和女神厄里斯才有，要找她要恐怕很難。不過，我知道有一個人會幫你弄到它。」

赫丘利斯聽後，忙問道：「尊敬的先知，請問，你將指引我去哪裡尋找？」

「去那邊。」普羅米修士指著東方說道，「你一直向東走，你將遇到一位背負著青天的神，他將會幫你尋找到金蘋果。他叫阿特拉斯提坦神。」

**沉睡的大力神赫丘利斯。**

赫丘利斯根據普羅米修士的指引找到提坦神阿特拉斯。阿特拉正背負著青天，他看到赫丘利斯的時候，一臉驚訝：「凡人，你是怎麼來到這裡的？」

「我是在普羅米修士神的指示下找到你的，阿特拉斯提坦神。」赫丘利斯對阿特拉鞠了個躬，說道。

「喔，你找我有什麼事嗎？」阿特拉詢問道。

「阿特拉斯提坦神，我請求你幫我找到金蘋果，普羅米修士神說只有你才能幫我找到。」

「你看到了，我沒辦法離開，因為我背負著青天。」

赫丘利斯低頭思慮了一下，說道：「我來幫你頂著。」

阿特拉斯同意了，將背負的青天交到赫丘利斯背上，對赫丘利斯囑咐幾句，便出發尋找金蘋果。赫丘利斯則代替阿特拉斯背負青天。

STORY 015

# 貪婪要人命

## 酒神巴克斯懲罰邁達斯國王

說起酒神，他有一個並不光彩的出身，最貼切的說法就是私生子。他的父親是朱庇特，而母親是凡人卡德摩斯的女兒，叫賽墨勒。

朱庇特無意間看到少女賽墨勒，立刻被這個凡間少女的美貌所吸引。為了追求賽墨勒，朱庇特化身為一個英俊的美男子，開始對賽墨勒進行瘋狂的追求，很快賽墨勒就墜入了朱庇特的情網。不幸的是，這段人神之戀給單純的賽墨勒帶來了殺身之禍。

朱庇特和賽墨勒。

俗話說世上沒有不透風的牆，朱庇特與賽墨勒的戀情也很快就讓朱諾知道了。嫉妒成性的朱諾是絕不允許自己的男人與凡間的女子發生戀情的，為了狠狠地懲罰

TIPS

有很多的人認為只要有了錢，就什麼都不缺了，但這則羅馬神話故事告訴我們：金錢並不是人生的全部，如果一味追求金錢，最終只能落得悲慘的下場。

朱庇特的小情人，她化作一個老婆婆來到賽墨勒的家中和她饒有心計的攀談起來。

「孩子，聽說愛妳的那個英俊的男人是天上的神仙，妳難道真的就相信了嗎？妳為什麼不讓他變作天神的模樣，妳親自看看呢？」朱諾的話讓賽墨勒對朱庇特的身分有些懷疑。

等朱庇特再次降臨人間和她約會的時候，賽墨勒就與朱庇特說：「如果你真的愛我，那你就發誓，答應我的一切要求。」

「好的，我發誓，只要是我心愛的賽墨勒提出的要求，我都答應。」朱庇特很爽快地說道。

接下來，賽墨勒就固執己見地要求朱庇特變回神仙的模樣，朱庇特再三商量也不行，無奈只得變成神仙的模樣，而這一變，立刻出現一道閃電，劈死了可憐的賽墨勒。賽墨勒死去了，留下了還未足月的孩子，朱庇特給孩子起名叫巴克斯，為了安全起見，他把孩子交給幾位山林仙女撫養。

長大之後的巴克斯身體健壯，常常奔跑出沒於山林之間，他還和跟潘神的兒子賽勒諾斯學會了釀造葡萄酒。他的生活很愜意，整日戴著葡萄藤編織的花環與一群美麗的仙女姐姐在山林中嬉鬧玩耍，盡情享用自己親手釀造的美酒。

後來他就帶上自己的老師和幾個隨從，去世界各地講經傳道，還給他們講解葡萄酒的製作工藝。有一次，巴克斯一行人來到小亞細亞中西部古國佛里吉亞，國王邁達斯熱情地款待了他

們。

這個國王是個見錢眼開的人，在他眼中，只有金錢是萬能的，而擁有舉世無雙的財富才是幸福的最大保障。巴克斯在臨走時為了感謝國王對自己的熱情招待，他對國王說：「為了表示我對你的感謝，我決定送給你一樣東西，一個是珠寶，一個是可以點石成金的手指，你選擇哪個呢？」

「如果能夠有一個點石成金的手指，那我這輩子就會擁有使不完的金錢。」國王根本沒多想就脫口而出說道：「我要點石成金的手指！」

「那好吧，我答應你，我給你的手指賦予一些神力，你的手指所到之處，無論碰到什麼，都可以立刻變成金

邁達斯向酒神巴克斯提出自己的願望。

子。」巴克斯本來是想送給他一些珠寶，沒想到這個國王如此的貪婪，決定懲罰他一次。

邁達斯迫不及待想試試自己的法術，他對著一棵樹點了一下，大樹立刻就變成一棵金光閃閃的寶樹了，他興奮地跳了起來。隨後，他又對著自己的愛犬點了一下，愛犬立刻變成了金犬。接著，他的女兒蹦跳著來找他，他正想擁抱女兒，而他的手指一碰到女兒，女兒立刻變成了一堆金子，這時他的妻子氣勢洶洶來找他吵架：「你這個貪得無厭的東西，你把女兒都變成了金子！」

他拉住妻子的手正想和她解釋，這時妻子也變成了金子。他的手指所到之處，無論是杯子還是食物，都變成了金子。後來，他連飯也不能吃了，因為那些飯菜一到他的嘴裡，就立刻變成金子，無法下嚥。

最後，他只得在一堆金光閃閃的黃金堆中餓死了。

STORY **016**

# 揮舞魔棒催人睡

## 睡神唱起催眠曲

睡眠之神，他的名字叫做修普諾斯，他是黑夜女神尼克斯的兒子，在眾神祇裡，他的資格算得上是很老的。他居住的地方是在黑海北岸的一個山洞裡，終年都沒有陽光的照耀。他的山洞周圍長滿了很多有利於睡眠的草藥，而澆灌這些草藥的是一條遺忘之河。他的身上長有一對翅膀，手裡還拿著一根魔棒。當他搧動翅膀並且揮舞魔棒的時候，人們就開始昏昏沉沉地入睡了。他有很強的法力，沒有人可以逃得過他的催眠術，不僅僅是對凡人，就連神仙也不例外，包括眾神之王朱庇特。

俗話說，凡是有點本事，就會被人利用。這不，天后朱諾就來到了他的洞府，找他幫忙。朱諾和他說：「修普諾斯，用你的魔棒幫我個忙吧！現在正值特洛伊戰爭，朱庇特一直在暗中幫助特洛伊人，而阿伽門農帶領的斯巴達人已經節節敗退，眼看就要全軍覆沒了。我想請你揮動魔棒，讓朱庇特入睡，我好率阿伽門農的軍隊趁機對特洛伊人進行反擊。這群可惡的特洛伊人，我永遠也忘不了他們對我的輕視，我要狠狠的懲罰他們！」

聽了朱諾的話，修普諾斯有些左右為難，按說天后有求於他，本來是件高興的事，可是讓他對付朱庇特，那可是神通廣大的眾神之王，誰敢得罪？雖然自己有點小本事，但也是在朱庇特的管轄範圍之內，萬一惹怒了他，自己的性命都難保。

TIPS

羅馬神話中的眾神無疑是所有神話中最具有人性的，他們博愛卻自私；力量強大卻又並不無懈可擊；他們之間的關係更是迷亂複雜。但也正是這一切，令無數人為之傾倒。

美惠三女神。

朱諾看到修普諾斯的神情，立刻明白了，她想不能白讓他幫忙，得給他點好處。想到這裡，她對修普諾斯說：「你不用擔心，其實朱庇特對特洛伊人也沒有太深的感情，趁他睡著，攻擊一下特洛伊人，他也不會怪罪的。如果你肯幫我這個忙，那我就把美惠三女神中最漂亮的一個嫁給你，我說到做到。」

修普諾斯能怎麼辦呢？朱諾的要求如果不答應，那肯定是躲不過去的。好在自己可以娶上美女做妻子，也算是很好的回報了，還是答應吧。

二人就來到了愛達山，看到了朱庇特正在津津有味地觀戰。朱諾讓修普諾斯隱身悄悄地走到朱庇特的身後，對著眾神之王揮舞魔棒，很快，朱庇特就昏昏入睡了。這時，朱諾趁機大肆攻擊了特洛伊人的隊伍。

大夢初醒的朱庇特發現自己被睡神施了魔法，不由得大為惱火，立刻召集眾神來到他的宮殿，想懲罰這個濫用職權的傢伙。母親尼克斯是黑夜女神，他知道兒子將要大禍臨頭，就吩咐兒子躲進自己的懷抱，從而躲過了這場劫難。

睡神修普諾斯還利用自己的法力做了一些善良的事情。

月亮女神與恩彌狄翁深深相愛，卻遭到了朱庇特的強烈反對，他吩咐修普諾斯揮動魔棒，讓恩彌狄翁陷入沉沉的睡眠，終生不得醒來。

接到命令的修普諾斯正要對恩彌狄翁施加魔力，就見恩彌狄翁閃著哀憐的目光對他說：「求求你，別讓我沉睡！」

「可是神的旨意我不敢違抗。」普諾斯很無奈的對恩彌狄翁說。

「那這樣好嗎？你讓我睜著眼睛睡眠，這樣我就可以看見我心愛的狄安娜了。」

「好吧，我答應你。」修普諾斯原本就是一個很善良的神祇。

月神狄安娜與恩彌狄翁。

在生活中，我們隨處可以看到睡神的影子，比如在夢裡跟萬里之遙的親人相見，在夢裡你可以忘記現實中很多的煩惱與悲哀。所以，大家都很喜歡睡神。因為他給大家帶了美夢，緩解了疲憊與壓力。

STORY **017**

# 我來是為了取你的性命

## 令人膽寒的死神

TIPS

死神的力量只能影響到凡人，神做為不朽的存在，不會受到來自於死神的任何影響。因此，死神經常忍受凡人的憎惡以及神的拒絕。

在神話故事中，睡神和死神是一對孿生兄弟，但是大家很喜歡睡神，因為睡神給人帶來甜蜜的美夢，死神卻給人帶來了無盡的黑暗和永遠的別離。

死神的名字叫做達納特斯，他有一件黑色的斗篷，手中拿著一把可以致人死命的大鐮刀。沒有人見過他的真面目，他像個幽靈常在夜晚遊走在人群裡，如果他的鐮刀落在誰的頭上，那他就難逃厄運了。

説起死神，還有這麼一段傳説：

風流成性的朱庇特愛上了河神美麗的女兒伊琴娜，他向伊琴娜求婚卻遭到了反對，朱庇特便不顧一切的擄走了伊琴娜。丟了心愛的女兒，河神萬分的焦急，他四處奔走打探女兒的下落。

這天，河神遇到了西西弗斯，西西弗斯知道河神的心事，他對河神説：「你是來尋找你的女兒的嗎？我知道她在哪裡。」

「是嗎？你快告訴我吧，求求你，我都快瘋了，我女兒到底在哪裡呢？」河神就像抓住了救命的稻草一樣，懇求道。

「好啊，不過我和你説這件事情是要冒很大風險的，你該怎麼感謝我呢？」西西弗斯想趁火打劫，在河神那裡撈一些好處。

「你只管說，我都答應你，我只要找到我的女兒。」河神回答道。

「你給我一條河流，怎麼樣？」西西弗斯狡黠地說道。

尋女心切的河神痛快地答應了西西弗斯的要求，西西弗斯告訴河神說：「朱庇特劫走了你的女兒，快去找他要人吧！」

西西弗斯洩露了朱庇特的祕密，讓眾神之王大為惱火，他下令讓死神達納特斯找到西西弗斯，把西西弗斯打入地獄，永世不得超生。

接了命令的達納特斯很快就找到了西西弗斯，並向西西弗斯轉達了朱庇特的旨意。他對西西弗斯說：「你看，你的墓穴都已經準備好了，快躺進去吧，我該按著神的旨意執行死亡的任務了。」

狡猾的西西弗斯哪能輕易就範，他一邊想該怎麼收拾一下這個死亡命令的執行者，一邊說：「朋友，我倒是願意配合你的工作，可是，你看這墓穴是不是有點小啊？我恐怕進不去，要不你試試？」

「行，我就進去試試。」死神哪有西西弗斯的心眼，他很老實地躺進了墓穴，西西弗斯趁機搬起一塊大石頭，把墓穴給蓋上了，然後他撒腿就跑，一會兒就沒影了。

死神被關進墓穴，他再也不能像幽靈一樣在夜晚的街頭遊走了，他的大鐮刀也失去了作用。自從達納特斯失蹤後，世上很長

西西弗斯藐視神明，仇恨死亡，對生活充滿激情，這必然使他受到難以用言語盡述的非人折磨：他以自己的整個身心致力於一種沒有效果的事業。

時間都沒有死亡的事件發生，一直到朱庇特把他救出來。

自作聰明的西西弗斯被打入了地獄，在進入冥界前，他囑咐妻子墨洛珀不要埋葬他的屍體。到了冥界後，西西弗斯告訴冥后，一個沒有被埋葬的人是沒有資格留在冥界的，並請求給予三天時間回去處理自己的後事。

沒有想到，西西弗斯一看到美麗的大地就賴著不走了。西西弗斯的行為觸犯了眾神，諸神為了懲罰西西弗斯，便要求他把一塊巨石推上山頂，而由於那巨石太重了，還沒等推上山頂就又滾下山去。

於是他就不斷重複、永無止境地做這件事——諸神認為再也沒有比進行這種無效無望的勞動更為嚴厲的懲罰了。西西弗斯的生命就在這樣一件無效又無望的勞作當中慢慢消耗殆盡。

STORY **018**

# 把宇宙武裝起來

## 神匠伏爾岡的故事

伏爾岡是宇宙之間的火神，他出身高貴，父親是天神朱庇特，而母親是天后朱諾。可是他的容貌卻是十分的醜陋，這讓一向以美女自居的朱諾感到非常難堪，她覺得自己的兒子簡直見不得人，不如悄悄地扔掉算了。於是，她就趁黑夜把他扔到了人間。不過大難不死的伏爾岡被河神的女兒撿走了，不僅把他撫養成人，而且還教給他很多手藝和技能。

伏爾岡會打造很多的兵器，他給朱庇特打造了權杖和霹靂，讓人一看就不寒而慄；還給太陽神福波斯打造了光燦燦的太陽車；就連天上神仙居住的宮殿也是他鑄造的，用了大量的黃金和青銅，看起來金碧輝煌。

除此以外，他還在戰爭中起了很大的作用，因為他掌管著天下所有的火焰，誰都敬畏三分，生怕稍不注意就引火焚身。在巨靈之戰中，他用一塊燒紅的鐵塊把巨人克呂提厄斯活活燙死；在特洛伊戰爭中，他還為英雄埃涅阿

神匠伏爾岡和風神。

TIPS

伏爾岡雖然面容醜陋，但才智卻十分卓越，被鐵匠和木匠尊為保護神。同時，他也是一位愛好和平的神，無論是在天上還是凡間，都深受眾望。

斯打造了堅實的盾牌和鋒利的長槍。

長大之後的伏爾岡雖然有一身的本事，卻沒有人給他提親。因為他不僅相貌醜陋，而且還是一個瘸子，他的瘸腿是母親朱諾把他扔下山時摔斷的。本來長得難看，再加上瘸腿，誰家的姑娘願意嫁給他呢？一想起這件事伏爾岡就非常生氣，對母親一直懷恨在心。

這一天，他在作坊中想著該怎麼出這口惡氣。

他知道母親雖然貴為天后，卻有很強的虛榮心，於是就打造了一個黃金的寶座，帶著它來到母親的宮殿。他很虔誠地對母親說：「親愛的母親，您看我為很多神仙都打造了武器，唯獨沒有您的，雖然我自小就離開了您，但您畢竟是我的母親，所以我打造了黃金寶座，算是我的一點心意。」

朱諾聽了很感動，當初她把伏爾岡扔下山，眾神就很反感她的做法，紛紛指責她，現在她們母子和解了，這讓她十分高興。朱諾心想，這個黃金寶座一定會讓自己找回了丟失的面子，於是興致勃勃地坐了上去。

坐在寶座上的朱諾怎麼也沒有想到，這是伏爾岡的一個計謀。寶座上有很多機關，她的身子和手都被緊緊地束縛在上面，動彈不得。當她明白這是伏爾岡故意給她設的圈套時，臉立刻沉下來。她知道自己愧對兒子，所以沒有質問他，只是無奈地請求兒子放過自己。可是無論她怎麼說，伏爾岡就是不答應，他冷冷地說：「你把我扔下山，差點摔死我，你讓我吃了那麼多年的苦

頭，我怎能輕易原諒你！」

勸說不成，朱諾請來了伏爾岡的好朋友酒神巴克斯來當說客，巴克斯和伏爾岡一直是無話不談，他勸解道：「朱諾畢竟是天后，你這樣下去也不是辦法，不如趁她現在有求於你，你向她提出一些條件做交換，這事以後就扯平了。」

「也好，那就讓他們答應我兩個條件吧，一個是我想要成為奧林匹斯山的神祇，再一個是我想娶維納斯做老婆，如果答應，我就給她鬆綁。」

聽完伏爾岡的條件後，朱庇特心想，本來伏爾岡就是自己的兒子，讓他做神祇一點也不過分，不如成全他；自己雖然一直喜歡維納斯，但是一直遭到拒絕，還不如把她嫁給醜陋的伏爾岡，也算解氣了。

就這樣，伏爾岡不僅成了奧林匹斯山的主神，還因禍得福娶了最美貌的維納斯做妻子。

STORY 019

# 你的故土我來守護

## 忠貞高貴的維斯塔

TIPS

維斯塔是朱庇特的姐姐，掌管萬民的家事。她是三位處女神明之一，海神尼普頓和太陽神福波斯都曾向她求婚，都被她斷言拒絕，並向朱庇特發誓要一生保持處女之身。

維斯塔，她是朱庇特的姐姐，是羅馬神話中的灶神。每個家庭都少不了一日三餐，所以她在人們心裡有著舉足輕重的位置。人們在獻祭的時候，每次都少不了她的祭品。除此以外，她還是國家聖火的保護神，在維斯塔神殿裡燃燒著象徵國家命運的聖火，看守聖火的是六個家庭出身以及修養和容貌都完美無缺的少女，她們被叫做維斯塔貞女。這些維斯塔貞女要發下毒誓，終生守護貞潔，不得嫁人，而且無論發生什麼事情，聖火都不得熄滅，否則會被處以極刑。這些看起來很殘酷的規矩都是源於古羅馬人對於聖火的敬畏。

維斯塔女神給人的形象一直是很安靜，純潔而且正直，她一直嚴格遵守道德習俗，表情嚴肅而且高雅，神聖不可侵犯。她的身邊始終站著一頭安靜的驢子，在凡人眼中，驢子就是維斯塔女神的聖獸，所以每年的六月九日獻祭灶神時，地上所有的驢子都不用幹活，而且還吃得很好。

在距離維斯塔聖殿不遠的地

在斟酒者身後坐著的是灶神維斯塔。

方，有一個很大的葡萄園，裡面住著普里阿波斯，他長得很醜，留著大鬍子，身穿長衣，他是葡萄園的保護神，同時還管理著地上所有的果園以及花花草草。這是一個公子哥，生性放蕩，好逸惡勞，一天到晚到處尋歡作樂，過著花天酒地的生活，惹得大家都很反感。

可是就這麼一個混世魔王，竟然愛上了美麗安靜的維斯塔。他冒失地向維斯塔表達了自己的愛慕之情：「維斯塔，妳一個人多無聊，乾脆嫁給我算了。我也不會虧待妳，跟著我有吃有喝的，還可以跟著我到處遊玩，有看不完的風景，多好！」

維斯塔根本不喜歡普里阿波斯，再加上自己本來就是貞潔的守護者，她根本不理會普里阿波斯的求婚。碰了一鼻子灰的普里阿波斯不甘心就這樣失敗，回到家之後，他暗自發誓說：「不知好歹的女人，憑什麼就那麼高傲？看我怎麼收拾妳！」

幾天以後，他在一個晚上趁維斯塔睡著以後，悄悄溜進了神殿。熟睡的維斯塔比醒時更加嫵媚，那安詳的面容，均勻的呼吸，讓普里阿波斯看得兩眼發直。他想：「維斯塔要是答應自己的求婚該多好，那樣自己就可以每天守在她身邊，而不是像現在這樣，只能偷偷的看她。」

想著想著，他不禁起了邪念，當他正要伸出手去撫摸維斯塔的臉頰時，維斯塔的驢子突然大叫起來。叫聲驚醒了睡夢中的維斯塔，她看見普測阿波斯站在自己的身邊，立刻明白了這個歹徒的惡意。她氣憤地說：「你這個可恨的傢伙，你死了心吧，我永遠也不會愛上你！如果你再糾纏，我就去天庭彙報你的醜事，讓天神來做評判，到時你會死無葬身之地的！」

挨了罵的普里阿波斯只得灰頭土臉地走了，他心中充滿了對驢子的憤恨。

就這樣，純潔而善良的維斯塔一直保持著自己高貴的形象，成為了家庭和國家命運的保護神。人們對她崇拜有加，就算是離開故土，到遠方去流浪，也都帶上灶神祭壇的火種，用來表示新家園與故土一脈相連。

STORY **020**

# 海神助我去求婚

## 珀羅普斯賽車贏得美人歸

珀羅普斯，是坦塔羅斯的兒子，他的父親是一個傲慢無禮的人，因為猥褻神祇的尊嚴而被打入地獄，在黑暗的世界中接受無盡的折磨。在他的父親被打入地獄之後，可憐的他就被趕出了家園。珀羅普斯有一個心儀的姑娘，她就是伊利斯國國王的女兒，叫希波達彌亞。

希波達彌亞的父親叫俄諾瑪諾斯，女兒到了該出嫁的年齡，他卻遲遲不讓人來説親。因為他曾經得到過一個神諭，神諭説，他的女兒結婚時就是他的死期，所以他拒絕任何人來求婚。可是求婚的人仍然絡繹不絕，俄諾瑪諾斯不想跟求婚人説出真相，就千方百計地阻攔那些求婚人。

這天，俄諾瑪諾斯發布了一個告示，告示中説，來求婚的人都要跟他賽車，贏了才可以娶他的女兒，而輸了就得被殺死。

俄諾瑪諾斯覺得這個告示會嚇退很多的求婚人，可是依然有人來求婚。等到比賽的那一天，俄諾瑪諾斯早就胸有成竹，他對參加賽車的人説：「你們先走，我給朱庇特獻上一頭公羊，等儀式完畢以後，我再追趕你們。」

誰也不會知道俄諾瑪諾斯的葫蘆裡賣的什麼藥，只是認為俄諾瑪諾斯故意讓著年輕人，這樣一來就是輸了也不難為情。

TIPS

相傳早在奧林匹克競技會創立之前，奧林匹斯就舉行過紀念珀羅普斯的殯葬會。後來，大力神赫丘利斯又重新舉行競技會，用來奉獻給眾神之父朱庇特。西元前776年，斯巴達和艾理斯城邦結成神聖同盟，再度恢復了競技會，並確定每四年舉行一次。

求婚者先走了，俄諾瑪諾斯在後面不緊不慢地給朱庇特獻祭。儀式完畢以後，他踏上一輛馬車，由兩匹馬駕著，風一樣地向前方飛去，很快就趕上了前面的人。他拿出長槍，一個接一個地刺死了求婚人。

比賽的起點是比薩，終點是哥林多海峽的尼普頓神壇，一路上俄諾瑪諾斯就殘忍的刺死了十二個求婚人，這讓珀羅普斯不敢冒然去求婚了。他找到海神尼普頓，請他幫忙，他大聲懇求說：「偉大的神靈，沒有人可以拒絕愛情女神的恩賜，如果你願意幫助我，就請你保護我不受俄諾瑪諾斯長槍的傷害。請你賜給我一輛戰車，讓我儘快的趕到伊利斯，去跟俄諾瑪諾斯較量。」

「年輕人，你勇敢地迎戰吧，我會支持並且保護你的！」尼

**海神尼普頓巡遊圖。**

普頓的聲音高亢而且洪亮。

大海頓時湧起一陣洶湧的波濤，一輛閃著金光的戰車擺在了珀羅普斯面前。珀羅普斯駕起戰車奔向伊利斯。

古代奧林匹克競技會。

到了伊利斯，珀羅普斯向伊利斯國王說明了自己的來意，國王答應等珀羅普斯稍加休息後就和他比賽。

比賽要開始了，伊利斯國王對自己的駿馬還是非常信任，他依照老規矩讓珀羅普斯駕車先走，自己在後面給朱庇特獻上了一頭公羊。等他向朱庇特獻祭完畢，很快就追上了珀羅普斯，他心中一陣竊喜，拿出早已準備好的長槍向珀羅普斯刺去。就在這時，奇怪的事情發生了，俄諾瑪諾斯的馬車突然掉了車輪，在急速的飛馳中，俄諾瑪諾斯被慣性甩了出去，頃刻之間就碰死在路邊的巨石上。

珀羅普斯駕著尼普頓的馬車安全抵達終點，這時，他看見國王的宮殿濃煙滾滾，火光沖天，立刻駕著馬車衝向事發地，救出了希波達彌亞。

不久，珀羅普斯娶了希波達彌亞做妻子，他統治了伊利斯王國。在他奪取奧林匹斯城之後，又創辦了舉世聞名的奧林匹克運動會。

STORY 021

# 幾頭跑丟的神牛

## 墨丘利發明試金石

TIPS

試金石是一種黑色堅硬的石塊，用黃金在上面畫一條紋，就可以看出黃金的成色。比喻精確可靠的檢驗方法。

有一個叫墨塞尼亞的地方，這裡的人名聲都不太好，他們愛佔小便宜不說，還愛說謊，不講信用。正巧，這天太陽神福波斯放牧的幾頭神牛跑丟了，而恰恰又都跑到墨塞尼亞。朱庇特的兒子墨丘利便想趁這個機會好好教訓一下這些不講信用的人。

墨丘利在墨塞尼亞很快就找到了那幾頭神牛，他故意讓神牛跑到一個莊園的守門人附近。然後當著他的面，神色慌張地把那些牛趕進一片小樹林中。墨丘利對守門人說：「老人家，我把這幾頭牛藏進樹林中了，如果有人問起，你千萬不要說出去。我不

墨丘利飛向自己心儀的美女赫爾塞。

會虧待你，可以給你一頭最健壯的母牛，可以嗎？」

見到有利可圖，那個守門人自然滿口應允，他很爽快地對墨丘利說：「孩子，你放心吧，我絕對不會說出去的。」老頭說著指了指旁邊的大石頭，發誓說：「如果說了，就讓我變成石頭。」

「那好，謝謝你老人家。」說著，墨丘利就挑了一頭很肥的母牛送給守門人，然後裝作很放心的樣子走了。

不多時，墨丘利變成了另外一個人，來到了莊園附近。他故意很焦急地東張西望，讓人一看就知道是丟了很貴重的東西。然後他有意靠近那個看莊園的老者，跟他搭訕：「老人家，我剛剛在集市上買了幾頭牛，可是就在我吃飯的時候，有人把我的牛偷走了。我都找了一天了，也不知道下落，真是著急啊。」他一邊說，一邊故意流露出很著急的表情，「唉，誰要是能告訴我那些牛的下落，我就送他一頭母牛外加一頭公牛。」

說者有心，聽者有意，墨丘利的話讓看莊園的老者起了興致，他湊上前去問墨丘利：「你的牛丟了，是嗎？」

「對啊，你看見了嗎？如果你告訴我那些牛的下落，我就送給你兩頭牛。」墨丘利很認真地承諾道。

「我看見一個年輕人趕著一群牛偷偷地藏進那邊的樹林了。」說著，老者用手指了指那邊的樹林。

「好吧，老人家，等我把牛趕回來，就送給你兩頭。」墨丘

利向樹林奔去。

很快，墨丘利就趕著這群牛來到了莊園附近。老者見狀就急忙走過來要求墨丘利兑現承諾，沒想到墨丘利立刻變回了原來的模樣，他輕蔑地說：「你看看我是誰？你剛才還答應我要保守祕密呢，現在就不算數了。你說話言而無信，貪心不足，那麼就按你說的，變成石頭吧！」

那老者還沒來得及辯解，他的舌頭就變得僵硬了。他正想伸出手，胳膊也不聽使喚了，甚至想走都走不了。這個食言的人像被定住一樣，最後變成了石頭。

從此，人們就把這塊石頭叫做試金石。

STORY **022**

# 半人半獸神也多情

## 為大家帶來歡樂的牧神浮努斯

牧神浮努斯是一個心地善良的人，大家雖然都不討厭他，但是也不靠近他，因為他長得很醜。浮努斯頭上長著一對山羊角，下半身長著一條羊尾巴和兩條羊腿。他因為相貌的原因，感到很自卑，平時也不怎麼出去，只喜歡在山林中待著。但是他有高超的音樂才能，沒事的時候最喜歡吹笛子，山林中的仙女都願意聽他吹笛子，只是遠遠地聽，不靠近。

天神的樂隊中有一個彈豎琴的仙女，長得很漂亮，浮努斯心儀已久，卻沒有勇氣表達。他每天在山林中吹笛子，希望自己的笛聲可以飄到天上，飄到仙女的耳朵裡。他知道自己的笛聲悠揚，大家都喜歡聽，他相信笛聲也會

**多情的牧神浮努斯愛上了緒任克斯，瘋狂地追求她。緒任克斯拒絕了他的愛並四處奔逃，最後變成了一叢蘆葦。傷心的浮努斯用蘆葦的莖做成了排簫，並以緒任克斯的名字為之命名。**

TIPS

摩羯座又稱山羊座，這是由於其上半身的山羊形象所致，有一種向上登峰的欲求；但別忘了，在水面之下摩羯座也有象徵熾熱感情的魚尾。

給自己喜歡的仙女帶來快樂，那樣他就心滿意足了。

有一次，諸神舉辦了一個很盛大的宴會。

「再大的宴會如果沒有浮努斯的笛聲都會遜色的，我們把浮努斯也請來吧，讓他來吹笛子。」一個山林仙女提議道。

她們很快就找到了浮努斯，請他去參加宴會。可是浮努斯卻猶豫不決，他說：「我還是不要去了，我的模樣會嚇著大家的。」

「你不是很喜歡彈豎琴的那個姑娘嗎？你去了就可以見到她了。」好心的仙女提醒浮努斯。

想到可以見到心愛的女人，浮努斯就答應了，跟著山林仙女一起來到了宴會上。不過他不敢在眾人面前出現，而是坐在一個角落裡，為大家演奏。他的笛聲太美妙了，以至於很多仙女都順著聲音去尋找這個演奏家。但是當大家看到浮努斯的時候，卻又悄悄的退去了。

浮努斯的笛聲飄得很遠，飄到了提風那裡，提風是個怪物，與朱庇特是冤家對頭，最喜歡擾亂宴會。他聽笛聲後突然闖進宴會大廳，像狂風一般，亂砸東西。頓時，大廳裡亂作一團，諸神們跑的跑，逃的逃，一片混亂夾雜著尖叫。這時浮努斯看見了被嚇呆的仙女，她怔怔地抱著豎琴，而提風正朝她撲了過去。

眼看仙女就要慘遭不測，浮努斯急忙收起笛子，抱起仙女就往外跑。

可是沒跑多遠，就沒路了，前面是一個湖，這是一個被詛咒過的湖，凡是沾到湖水的人，就會變成一條魚。看到浮努斯抱著仙女已經走投無路了，提風哈哈大笑起來：「跑啊，你繼續往前跑，如果你敢跳進湖中，那才是有本事呢！如果不敢，那就乖乖地把那個女人放下，我會給你一條活路的。」

無論如何也不能讓自己喜愛的女人落到壞人手中，浮努斯把仙女頂在頭上，毅然決然地踏進了被詛咒的湖水。他走到了對岸，放下了仙女，仙女這時也不再討厭浮努斯的相貌了，她朝浮努斯伸出了手，想把浮努斯拉上岸。當她驚訝地看到浮努斯浸在湖水中的下半身已經變成魚尾巴時，頓時難過地哭了起來。這時她才發現浮努斯的心地是那麼善良，自己卻一直在躲避。

朱庇特看到了浮努斯的舉動，也非常感動，他把浮努斯提到了天上，做了摩羯座。

STORY **023**

# 仇恨的力量真可怕

## 蛇身女妖三姐妹聽命於復仇女神

TIPS

復仇三女神是阿勒克圖、墨紀拉和底西福涅的合稱，在羅馬被稱為孚里埃。她們的任務是追捕並懲罰那些犯下嚴重罪行的人，無論罪人在哪裡，她們總會跟著他，使他的良心受到痛悔的煎熬。因此只要世上有罪惡，她們就必然會存在。

掀開蓋著屍體的布幔，呈現在眼前的是兩具屍體，一個是母親，另一個就是母親的情人，是他們合夥在浴室害死了父親阿伽門農。俄瑞斯忒斯就是用這種悖於人倫的方式為自己的父親報了仇。

看著母親沒有表情的臉，俄瑞斯忒斯的心中湧上來一陣酸楚，做為一個兒子，親手殺死了自己的母親，這種行為肯定是違反天理的，他也由此成為了復仇女神的犧牲品。

母親的死亡使俄瑞斯忒斯感到莫名的恐懼和痛苦，他離開了自己的國家，到處去流浪，希望可以忘掉那些不堪回首的罪惡，並以此來回避和深藏自己良心的愧疚。

可是復仇女神不允許他過著平靜的日子，她派蛇身三姐妹去殺死俄瑞斯忒斯。她們眼睛佈滿了鮮紅的血絲，頭上交織盤疊著嘶嘶作響的毒蛇，誰也逃脫不了她們的追逐，哪怕是天涯海角。

為了躲避蛇身三姐妹的追捕，俄瑞斯忒斯逃到了福波斯的神廟，這裡蛇身三姐妹是無法進入的，她們只能在神廟外面等候。過了很長一段時間，三姐妹疲憊地睡著了。

這時俄瑞斯忒斯母親的魂魄來騷擾她們的睡眠了：「妳們為什麼還在酣睡？那個殺害母親的兇手就要在妳們的眼皮子底下溜

走了，快起來，你們這群沒用的東西，你們答應為我報仇的，快去！」

被罵醒的三姐妹爬起來就往廟裡衝去，卻被福波斯攔在了門口。她們朝福波斯大喊道：「你難道是要袒護殺害母親的劊子手嗎？你難道允許這種有悖天倫的事情存在嗎？你為什麼不讓我們進去抓住那個兇手？」

俄瑞斯忒斯與復仇三女神。

「滾開，俄瑞斯忒斯的行為是為了給父親報仇，他的父親阿伽門農是討伐特洛伊的大英雄，凱旋而歸的英雄卻被妻子以及她的情夫害死在浴室，難道不應該報仇嗎？」

復仇的三姐妹雖然被正義凜然的福波斯嚇得逃開了，但她們依然在暗中尾隨著俄瑞斯忒斯。

俄瑞斯忒斯在福波斯的授意下來到了雅典城，為了尋求保護，他

去哀求密涅瓦女神：「尊貴的女神，是福波斯告訴我來找妳，我沒有犯罪，我的雙手也沒有沾上無辜者的鮮血。我跋山涉水穿越無數的城市和鄉村，來找妳給我評判，好讓我的靈魂得以解脫，我不想再過這種被追殺的日子了。」

「好吧，既然你找到了我，我就在你和復仇三姐妹之間做出一個公平的判決。」密涅瓦威嚴地說道。

「可是，他殺害了他自己的親生母親，難道這不是違背了天理嗎？難道還有什麼可原諒的嗎？」三姐妹的語氣咄咄逼人。

「尊敬的女神，我的父親是遠征特洛伊的英雄，在十年的戰爭中，他沒有喪失性命，而是凱旋而歸。可是在浴室裡，他的妻子也就是我的母親和她的情人用一張大網網住了我的父親，然後用鋒利的刀子殺死了他。太陽神福波斯告訴了我事情的始末，讓我去懲罰害死父親的兇手，否則的話我會永遠受到折磨。」俄瑞斯忒斯辯解說。

「這並不是一件容易判決的事情，我們還是看看神的旨意吧。我這裡有黑白兩種顏色的小石子，代表著兩種意見，白色的石子就是支持你，反過來黑色的石子就是反對你，就讓雅典的公民來做一個選擇吧。」密涅瓦對俄瑞斯忒斯說。

結果很快出來了，支持與反對的石子是一樣的多，這時密涅瓦站起身子，說道：「我不是母親所生，我是從父親的頭裡跳出來的，所以我維護男人的權益，我決定把我自己的一票投給俄瑞斯忒斯。」

說完話，她重新回到了自己的寶座前，鄭重的宣布：「經過投票，按照規則，俄瑞斯忒斯的贊成票多於反對票，下面我宣布：俄瑞斯忒斯無罪，應該還給他應得的自由！」

失敗的復仇女神依然不依不饒，她們決定把毒水灑遍大地，讓大地上寸草不生，這時密涅瓦出來勸解：「接受公眾的判決吧，這也是朱庇特的旨意，妳們不該把仇恨向無辜的百姓發洩，我向妳們保證，將來妳們會得到雅典城男女老少的歌頌，他們將會崇拜你們，給妳們神聖的位置。」

復仇女神在密涅瓦的勸解下，漸漸的平息了心裡的怒火，在雅典城住了下來。

# 第二章

# 眾神的千年之戀

STORY 024

# 見一個愛一個

## 命犯桃花的朱庇特

TIPS

朱庇特在西方人的心目中既是萬神之王，也是一位象徵幸運、榮耀和快樂的神。人們通過祭拜朱庇特來祈求幸運的眷顧和無憂無慮的生活，嚮往擁有像朱庇特那樣眾星捧月的神仙日子。傳說朱庇特做為天界之神，和許多異性有過情史，所以人們也將朱庇特看作是桃花運的象徵。

朱庇特雖然貴為天神，但是生活作風卻極為不檢點，他不僅喜歡糾纏神女，而且與好幾個凡間的女子也有曖昧關係。他的多情讓朱諾非常惱火，為此她經常跟蹤朱庇特。

有一天，朱庇特在凡間喜歡上了美麗的姑娘歐羅巴。當時歐羅巴正和一群姑娘在山坡上採集鮮花，歐羅巴嬉笑著，不知道此時朱庇特已經盯上了她。該怎麼把歐羅巴從人群裡弄走呢？朱庇特想了想，就化做了一頭可愛的牛，慢慢地向姑娘們靠近。

**歐羅巴被化身為牛的朱庇特劫走。**

山坡上來了一頭可愛的牛，大家都很喜歡，就走上前去，把手中的鮮花編成花環掛在牛的脖子上。這頭牛也十分的溫順，牠伏下身子，溫順地讓姑娘們撫摸，也不發怒。歐羅巴非常喜歡這頭牛，她大膽地騎上了牛背，這時牛開始慢慢地站了起來，並向前走去。沒想到牠越走越快，

**達那厄沐浴在愛的金光中，她代表著純潔、崇高、美好的人生理想；而奇醜可憎的老婦人則理起圍裙，等待金幣的降落，那專注貪婪的姿態和神情令人生厭。**

就像飛起來一樣，嚇得歐羅巴緊緊地抱住了牛的脖子。

過了一會兒，這頭牛停了下來，歐羅巴睜開眼睛，發現眼前一片陌生的景色。只見眼前站著一個瀟灑英俊的年輕人，他看著歐羅巴詫異的眼神，開口說話了：「姑娘，妳不要害怕，我是天神朱庇特，我不會傷害妳的，是命運之神安排我與妳今天相見，並且讓我愛上妳。」

「難怪，我昨晚做了一個夢，有一個人在夢中說，我將成為天神朱庇特的情人。」 歐羅巴這才恍然大悟。

為了紀念這一段浪漫的愛情，朱庇特將歐羅巴到達的地方起

名為歐洲。

朱庇特的另外一段愛情是和達那厄，她是一個國王的女兒，生得美麗動人。可是她的父親卻不願意讓她嫁人。原來，她的父親曾經得到過一個可怕的神諭，神諭說他將死在自己的外孫手中，所以他不能讓女兒嫁人。

為了保險起見，他把女兒關進一座高大的銅塔裡面，讓一個醜惡的老太婆日夜看管，不讓女兒離開銅塔半步。與此同時，他對外宣稱女兒已經死了，所以也就沒有人來求婚了。

但風流的朱庇特卻愛上了達那厄，他化作一陣金雨來到銅塔裡面跟達那厄約會，並且生下了孩子叫珀耳修斯。珀耳修斯長大之後，在回阿戈斯的路上參加了一次比賽，結果他扔出的鐵餅打死了他的祖父。

朱庇特的婚外戀不計其數，底比斯有個將軍叫安菲特律翁，安菲特律翁遠征去打仗時，朱庇特趁機偷偷溜進了將軍的家，變成了將軍的模樣，和他的妻子賽墨勒生活在一起。賽墨勒最後生了一對雙胞胎，一個是朱庇特的孩子叫赫丘利斯，另一個是安菲特律翁的孩子，叫伊菲克勒斯，他們二人日後都成為了有名的大英雄。

朱庇特的風流給他帶來了很大的麻煩，他和別的女人生的孩子經常遭到朱諾的迫害，他的情人更是被朱諾追得四處躲藏。

STORY 025

# 因禍得福

## 伊娥成為埃及女王

在遙遠的阿爾戈斯，有一個國王叫伊阿科斯，他有一個如花似玉的女兒叫伊娥。一天，伊娥像往常一樣照樣趕著羊群去勒那山坡上放牧，正好被朱庇特看到，伊娥那小巧的身子在草坡上奔走，像一隻飛舞的花蝴蝶，朱庇特一下子就喜歡上了這個乖巧的姑娘。

為了接近伊娥，朱庇特化身為一個英俊的少年，上前去和伊娥搭訕：「美麗的姑娘，天這麼熱，妳不覺得難受嗎？快跟我找個陰涼的地方歇息去吧！」

「你是誰？我為什麼要跟你走呢？」伊娥很不情願地對朱庇特說。

「哈哈，我是萬神之王朱庇特，我希望妳能嫁給我。憑我手中的權力，會讓妳幸福的。」朱庇特很自豪也很自信地說道。

朱庇特為了隱瞞自己的風流韻事，將可憐的少女伊娥變成了母牛。

伊娥可不願意隨隨便便地就答應這個陌生

TIPS

伊娥始終沒有得到朱諾的徹底寬恕，朱諾唆使野蠻的庫埃特人搶走了她的兒子厄帕福斯。伊娥不得不再次到處漂泊，尋找兒子。後來，朱庇特用閃電劈死了庫埃特人，伊娥才在埃塞俄比亞的邊境找到了愛子。

男子的求婚，她撒腿就跑，這時朱庇特施了魔法，讓天地變得漆黑一片，看不見路。伊娥不敢往前跑了，於是落入了朱庇特的手中。

可憐的伊娥並沒有嚐到愛情的甜蜜，相反她後來的日子卻是困難重重。因為朱庇特和她的戀情被朱諾發現了，嫉妒的朱諾立刻來到了凡間，朱庇特為了隱藏伊娥，慌忙中把她變成了一頭母牛。「朱庇特的身邊為何會有一頭母牛？這肯定是朱庇特的那個小情人！」想到此，朱諾故作驚訝地說：「這是哪裡來的母牛，渾身雪白，真漂亮啊！我從來都沒見過，要不你把牠送給我吧，我會替你好好照顧牠的！」說完，朱諾狡黠地眨著眼睛等著丈夫的回答。

這真是進退兩難，不答應吧，沒什麼說得過去的理由，鬧不好還會引起朱諾的懷疑；可是一旦答應了，就會失去心愛的姑娘。

「好吧，將牠交給妳我最放心了。」朱庇特心想，不如先給朱諾，然後自己再想辦法。

變成母牛的伊娥被朱諾牽走了，狠心的朱諾知道這頭母牛就是朱庇特的情人，為了不讓她逃跑，朱諾派百眼巨人來看管伊娥。朱庇特時時刻刻關切著伊娥的安危，他覺得不能就這樣下去，應該想辦法把她救出來。於是，他找來兒子墨丘利，對他說：「你去找到那個百眼巨人，想辦法殺死他，那樣伊娥就自由了。」

聰明的墨丘利拿了一根竹笛在巨人附近的山坡上吹奏起來。悠揚的笛聲讓巨人昏昏欲睡，他雖然一直拼命抵制睡眠，可終究還是沉沉睡去了。墨丘利立刻拿出利劍，趁機砍下了巨人的頭顱。

百眼巨人死後，天后朱諾將其眼睛剜出，安在孔雀的身上，所以孔雀才會有如此美麗的尾巴。

巨人雖然死了，可是伊娥依然不能逃出朱諾的手掌。這個狠心的女人又派了一隻牛虻，不停地對伊娥進行叮咬，伊娥沒有任何辦法抵擋牛虻的騷擾，只能到處奔逃。她跑過了高加索，跑過了亞馬遜部落，穿過了海洋來到了亞洲，在古老的尼羅河岸邊，她身心疲憊地跪下來，目光淒婉地望著奧林匹斯山。

不能再讓伊娥遭受這非人的折磨了，朱庇特去求自己的老婆：「別再加害於伊娥了，她已經受盡了折磨，再說她根本沒有勾引我，我對冥河發誓，再也不和她交往了，求你放過她吧！」

朱諾也明白得饒人處且饒人，更何況丈夫很少求自己，也就網開一面，讓朱庇特把伊娥重新變回了人形。

後來，伊娥為朱庇特生了一個兒子，朱庇特把埃及這塊土地給了伊娥。當地人民十分愛戴這位神奇的女人，把她尊為女神。在埃及這塊古老的土地上，伊娥統治了很長的時間。

STORY **026**

# 把兒子縫進大腿中

## 天神朱庇特淒美的愛情傳奇

TIPS

希臘酒神狄俄尼索斯與羅馬人信奉的巴克斯是同一位神祇，他是古代希臘色雷斯人所信奉的葡萄酒之神。在奧林匹斯聖山的傳說中他是朱庇特與賽墨勒之子，也有人認為他是朱庇特與普賽芬妮所生。古希臘人對酒神的祭祀是祕密宗教儀式之一，類似對於色列斯與普賽芬妮的艾琉西斯祕密儀式。在色雷斯人的儀式中，巴克斯身著狐狸皮，據說是象徵新生。

朱庇特雖貴為天神，但又風流成性。當初他看上姐姐朱諾的時候，追求時頗費一番周折，一開始朱諾堅決不答應，後來拗不過朱庇特的死纏爛打，同時她又覺得嫁給朱庇特就可以做至高無上的天后了，這權力誰人可比？想想也沒有什麼不好，也就答應了。

不過在答應結婚之前，朱諾向朱庇特提出了四點要求：第一，婚事要隆重，明媒正娶，要求所有的神祇都來參加宴會；第二，要求朱庇特從此收斂自己的好色習性，不允許與任何女人眉來眼去，搞一些不正當的關係；第三，自己的權力應該與朱庇特是一樣的，朱庇特無權干涉她的行為；第四，如果日後夫妻吵架了，要求朱庇特保持沉默，不得強詞奪理。

對於朱諾的條件，朱庇特想也沒想就答應了。娶了朱諾做老婆，朱庇特倒是安靜了一段時間。可是好景不長，很快他的風流的本性又暴露了，他盯上了底比斯將軍安菲律特翁的妻子賽墨勒。

他趁將軍遠征的時候，化作一個美男子來到將軍的府邸，謊稱自己是從戰場上潛逃回來的。他告訴將軍的妻子說：「可憐的賽墨勒，妳的丈夫已經戰死在沙場，我是偷偷跑回來和妳說這個消息的。」

「請允許我留下來住在妳的家中，因為我也是無家可歸，我會像妳的丈夫一樣好好的對待妳。」朱庇特裝出一副很可憐同時又很同情賽墨勒的模樣。

就這樣，他們生活在一起了。漸漸地，朱諾發現這一段時間朱庇特老是鬼鬼祟祟的，心中就暗自嘀咕：「他是不是老毛病又犯了，我得去人間瞧瞧。」

在朱庇特尋花問柳的地方總是籠罩著一團霧，朱諾一猜就知道是丈夫在搞鬼。她化作一個老婆婆來到將軍的家中，裝作討水喝，與賽墨勒說起話來：「孩子，我看妳顯得很憂鬱，是有什麼心事嗎？」

「老婆婆，我的丈夫剛剛死在戰場，現在跟我一起生活的是他手下的士兵。」

「其實妳的丈夫根本就沒死，與妳生活在一起的是天神朱庇特。如果不信的話，妳可以想辦法讓他現出真身。」老婆婆說完就消失了。

得知自己受了愚弄，賽墨勒異常惱火。她立刻找到朱庇特說：「你總是說愛我，那麼你發誓，願意答應我所有的要求。」

「當然，我可以答應妳。」朱庇特乾脆地和賽墨勒說。

「那麼就請你告訴我你真實的身分，你答應過的，不可以反悔。」

**喝醉的酒神巴克斯。**

「為什麼要這樣？除了這個要求，我什麼都可以答應妳，請妳收回這個決定好嗎？」

「不！你答應的就要做到，我想知道是誰跟我生活在一起。」賽墨勒的態度很強硬。

無奈，既然賽墨勒執拗著不肯收回自己的要求，而神的許諾又不得不兌現，朱庇特只得當著賽墨勒的面現出了真身。正如老婆婆所說的，他就是天神朱庇特，可是還沒等賽墨勒反應過來，朱庇特身後出現的霹靂瞬間就劈向了這個凡間的女子，可憐的賽墨勒轉眼就被燒焦了。

死去的賽墨勒腹中還有未足月的嬰兒，朱庇特只好把孩子從母親腹中取出，縫在自己的大腿中。等孩子到了該出生的時候，才取了出來。朱庇特生怕孩子會落到朱諾的手中，遭遇不測，就把孩子交給了山林中的仙女撫養。仙女們教給這個孩子很多的技藝和釀酒的本領，這個苦命的孩子就是以後的酒神巴克斯。

STORY **027**

# 被愛神遺忘的角落

## 太陽神福波斯遭遇失戀之殤

福波斯，這個神界中的美男子也會遭遇失戀，說起來真有點惋惜。有一次，他看到小愛神丘比特在玩弄自己的弓箭，就上前說：「小孩子，不要老拿著弓箭玩，萬一弄傷自己，你哭都來不及了。」說著，他還把自己手中的戰利品拿出來給丘比特看：「這是我用弓箭射的，你行嗎？」

小丘比特聽了福波斯的話，心裡很不服氣：「哼，你說我不會玩，我倒要你看我的本事，我的箭能射中你，信不？」

「不信！」福波斯知道丘比特的小箭沒有什麼殺傷力，就故意逗他。

這時遠處走來了一位漂亮的姑娘，她是河神的女兒，叫黛芬妮。丘比特遠遠地就把自己的鉛箭射向了這個少女，同時又把自己的金箭射向了福波斯。就這樣，中了金箭的福波斯發瘋一般愛上了黛芬妮，而黛芬妮越看福波斯就越討厭。

福波斯太喜歡黛芬妮了，他和黛芬妮說：「我不知不覺就愛上妳了，夢中全是妳的影子，我真想快一點結束這種煎熬，美麗的姑娘，請妳嫁給我吧！」

可是黛芬妮一點也不喜歡福波斯，不管他是什麼太陽神還是什麼美男子，就是不動心。她冷漠地回絕道：「你離我遠點好不

TIPS

古希臘時代，皇帝和奧林匹克優勝者所戴的頭冠，都是用月桂樹編成的，這是一種榮譽的象徵。因此，月桂樹的花語是—驕傲。

好？我不喜歡你，你說再多的話也沒有用，我是不會愛上你的，更不可能嫁給你，你還是死了這條心吧！」說完，她頭也不回的就走了，剩下福波斯孤零零的一個人呆立在那裡。

福波斯沒有氣餒，他覺得透過自己日久天長的努力，總有一天會打動黛芬妮。

他獨自徘徊在山林中，拿出了心愛的豎琴，彈奏起美妙的旋律，優美的琴聲穿過了茂密的樹林，穿過了涓涓流淌的小河，伴隨著飛鳥的翅膀飛向了很遠的地方。遠方的黛芬妮聽到了這美妙的琴聲，她不知道這種天籟之音是從哪裡發出的，就順著聲音在林中尋找。突然，在一個巨石後面，跳出了英俊的福波斯。

「呵呵，妳終於來了，是來聽我彈琴的吧，好聽嗎？」福波斯傻呼呼地對黛芬妮說。

「怎麼是你？我不知道是你在彈琴，否則我就不來了。」見到福波斯，黛芬妮沉下臉來。

「為什麼？妳難道就那麼討厭我嗎？妳知道我有多麼的想念妳嗎？我不是吃人的野獸，我愛妳，我不會害妳，妳別躲著我好嗎？」福波斯誠懇地說著心裡話。

可是無論他怎麼說，黛芬妮就是不為所動，她轉身飛快地逃離了。福波斯在她身後緊緊追趕，他越追，黛芬妮跑得越快。可是她一個女子怎能跑得過福波斯呢，很快黛芬妮就上氣不接下氣了。厭煩的情緒像潮水一般縈繞著她，眼看那個討厭的人就要

追上來了，黛芬妮靈機一動，跑到了河邊，讓自己的父親出來幫忙。

父親知道女兒不喜歡福波斯，為了擺脫福波斯的糾纏，他把女兒變成了一棵月桂樹。她的胳膊變成了窈窕的樹枝，腳趾變成了樹根，深深地陷入泥土中。

福波斯追到河邊，傷心地搖擺著月桂樹：「妳為什麼要這樣做啊？我愛妳難道有錯嗎？就算妳不做我的妻子，我也會永遠愛妳的。」

「用妳的樹幹做我的豎琴，用妳的枝葉裝飾我的弓箭，妳的花冠就是我勝利的象徵。我就在妳的樹下彈琴，就這樣陪伴著妳，永遠都不離開妳！」

**太陽神福波斯瘋狂地愛上了黛芬妮，但是她卻害怕抗拒福波斯的靠近，甚至不惜變成月桂樹躲避他的追逐。**

月桂樹在風中輕輕搖擺，彷彿聽懂了福波斯的話語。

STORY **028**

# 海水中走出的美女

## 愛神維納斯的多角之戀

TIPS

維納斯是愛神、美神，同時又是執掌生育與航海的女神，相對應於希臘神話的阿芙羅狄忒。拉丁語的「金星」和「星期五」等詞都來源於此。

美麗的維納斯是從浪花中誕生的，關於她的出生，有一段很離奇也很唯美的傳說。

由於第一代天神烏拉諾斯疑心太重，對自己的一群子女很不放心，他把所有的孩子都送進了大地深處。這讓地母蓋亞非常惱火，為了懲罰這個混蛋，她就讓小兒子拿了一把鋒利的鐮刀，把烏拉諾斯閹割，然後把他扔進了波濤洶湧的大海。他的傷口血流不止，在大海中變化出一個巨大的貝殼，貝殼在海面上冉冉上升，托著美麗的姑娘維納斯。這個美麗的貝殼漂啊漂，一直漂到了賽普勒斯海島，從此這個小島上就多了一位多情的姑娘。

對於島上的這個姑娘，沒有人不喜歡，大家都在賣力地討好維納斯，就連主神朱庇特也不例外。可是高傲的維納斯連看都不看他們一

眼，朱庇特非常惱火，一怒之下，就把她判給了奇醜無比的神匠伏爾岡。維納斯根本不喜歡伏爾岡，他們之間也沒有什麼共同語言，所以伏爾岡經常待在自己的兵器作坊。

**維納斯和馬爾斯的姦情暴露後，醋勁大發的伏爾岡決定用無法掙脱的網捕捉這對男女，並憤怒地呼喚眾神一同懲罰他們。在此之前，以飛行帽和魔杖聞名的墨丘利提前來到維納斯幽會的地方，伸出食指指向上方雲朵。這可能蘊含兩層意思：其一是對於維納斯的同情，其二則是對通姦者的警示。**

戰神馬爾斯也是十分喜歡維納斯，他趁伏爾岡不在家時，就偷偷跑來和維納斯約會。時間一長，他們偷情的事情就敗露了。這天，伏爾岡又像往常一樣假裝出去，他偷偷隱藏在一個隱祕的角落，看到馬爾斯又溜進了自己的家，他立刻拿出早已備好的一張大網，把這兩個偷偷約會的男女罩住了，還叫來眾神看熱鬧，使維納斯羞憤難堪。

維納斯做了馬爾斯的情婦，他們先後生了五個孩子，包括小愛神丘比特。雖然馬爾斯無論長相還是本事都比伏爾岡強很多倍，但維納斯對馬爾斯的感情並不專一，她依然風流成性，到處

與人發生曖昧關係。

有一次，維納斯在愛達山上看見了放牧的安喀塞斯，為了勾引安喀塞斯，她向安喀塞斯謊稱自己是一個山林仙女，無意中愛上了他。於是，二人在愛達山上共同度過了一段美好的時光，維納斯知道自己和安喀塞斯的戀情會給他帶來災難，就囑咐他說：「無論什麼時候，你都不要與任何人說出我的真實身分，記住，否則你會惹禍上身。」

後來維納斯給安喀塞斯生了個兒子，在喜宴上，安喀塞斯一時喝多了，口無遮攔，說出了孩子的親生母親是維納斯。事情傳到天上，朱庇特大怒，把安喀塞斯變成了瞎子。但是他們的兒子卻成長為特洛伊的大英雄，在特洛伊淪陷時，他背著瞎眼的父親逃出了特洛伊，他就是羅馬的創始人埃涅阿斯。

維納斯是眾多仙女中最美的，她那迷人的笑容，曼妙的身段，無不讓見過她的男人浮想聯翩。

有一次，太陽神福波斯因為說話不小心惹惱了維納斯的兒子丘比特，丘比特向福波斯射出了一支金箭，可憐的福波斯發瘋似地愛上了河神的女兒黛芬妮，而黛芬妮卻不喜歡他，為了躲避福波斯的糾纏，黛芬妮變成了一棵月桂樹。

可是福波斯依然不停地在樹下唱情歌，那種狀態基本上屬於走火入魔了。沒有人願意看到太陽神變成一副神經兮兮的樣子，為此朱庇特的兒子墨丘利去求維納斯，讓她勸丘比特為福波斯解開魔咒。

看到英俊的墨丘利來求自己，維納斯就故意和他周旋：「福波斯可不是好惹的，如果給他解了魔咒，他會加害丘比特的。」和墨丘利說話時，維納斯的眼中滿含著柔情蜜意：「要不，你替我想個辦法？」

「那……那就送給福波斯一個美少年，他就會息怒的。」墨丘利被維納斯身上的飾品照耀得睜不開眼。

「你真是一個聰明又體貼的人，我也是這麼想的。」維納斯說著就靠近了墨丘利，她問墨丘利：「你看，我的金腰帶好看嗎？」

維納斯的金腰帶具有無窮的魔力，任何人見了它都會不由自主地萌生愛意。墨丘利只覺得眼前全是維納斯的花容月貌和溫情的笑語，一頭栽到了維納斯編織的情網中，他此刻什麼也看不見了……

STORY 029

# 坐懷終不亂

## 獵人阿多尼斯拒絕維納斯的求歡

TIPS

阿多尼斯是希臘神話中掌管每年植物死而復生的一位非常俊美的神，他本來是黎巴嫩地區的神，後來被納入了希臘神話體系。他是歐洲古代時期最複雜的一個神，有多重角色，相當於巴比倫神話中的春神塔模斯和北歐神話中的巴德爾。

在維納斯的眾多人神之戀中，最纏綿悱惻的要數她和獵人阿多尼斯的戀情。因為阿多尼斯一直沒有像其他男人那樣輕易接受維納斯的愛，這一直是她的一塊心病，維納斯在阿多尼斯的面前早已不再那麼高傲了。

遇見阿多尼斯是一個很偶然的機會。一天，維納斯在山上發現了打獵的阿多尼斯，立刻對他產生了興趣。她湊上前去對阿多尼斯找話說：「你好，你常來這打獵嗎？我也是經常來這裡遊玩，可我好像從來沒有見過你。」

**在藝術作品中，阿多尼斯常常被塑造成風度翩翩的美少年。現在，「Adonis」這個單詞已成為「美男子」、「美少年」的同義語。**

「哦，是的。」阿多尼斯是個不愛說話的人，他的性格有些孤僻，特別不喜歡和女性接觸，所以就很簡單地應付了一下。

「呵呵，你不累嗎？坐下來歇會兒吧。」維納斯自認為很漂亮，沒有人不為她心動。

可是阿多尼斯對眼前這個美

女真的沒有什麼興趣，他的表情看上去簡直像個呆瓜。無奈之下，維納斯就對他使了一點小法術，希望阿多尼斯能對自己感興趣。

「姑娘，天色不早了，我該走了，以後有時間再聊吧。」阿多尼斯收拾起東西就要下山。這時維納斯說：「別走好嗎？我是天上的神女，如果你打獵，我會給你帶來好運；如果你不打獵，無論你走到哪裡，我都會保佑你的。」維納斯懇求年輕的獵人留下來接受自己的求愛，可是阿多尼斯依然不為她所動，並且還很冷漠地瞪了她一眼。

從來沒有被人如此拒絕過，維納斯感到無比難堪，惱羞之下竟然昏倒了。阿多尼斯見狀一時間手足無措，他忐忑不安地站在維納斯身邊，等她醒來。他覺得這個女人也沒有什麼不好的，和自己說了那麼多話，自己都沒有一點熱情，想想真有些內疚。

過了一會兒，維納斯醒來了，她睜開眼就看到了阿多尼斯就坐在自己面前，心中頓時湧起一陣暖意。她心想也許是阿多尼斯願意接受自己的感情了，就高興地坐起來，將手伸向阿多尼斯，沒想到阿多尼斯卻慌張地逃開了。

維納斯鍾情於阿多尼斯，使她的情人馬爾斯十分惱火，他準備化身一頭野豬咬死阿多尼斯。維納斯在洞悉戰神的陰謀後，便善意提醒阿多尼斯說：「最近一段時間，你不要出去打獵，山上有一頭很兇猛的野豬，如果冒然上山，會深遭不測的。」

交代完該說的話，維納斯忐忑不安地回到了奧林匹斯山。

年少氣盛而又固執己見的阿多尼斯沒有理會維納斯的話，在維納斯走了以後，他依然像往常一樣，背起獵槍去山林打獵。一天，他在山上恰好遇到了那頭野豬，阿多尼斯心想：「你來的正好，今天就是你的死期！」於是，他拿出長矛向野豬投擲過去，可是他的長矛不但沒有傷到野豬，反而將其激怒了，野豬瘋狂地朝他奔了過來。

阿多尼斯雖然經常在山上打獵，但也沒有見過這樣的場面，他慌不擇路地轉身就跑。不幸的是，他很快就被野豬追上了，這頭兇猛的野獸將他撲倒在地，然後狠狠地踩在他的身上。不一會兒，阿多尼斯就奄奄一息了。

維納斯得知阿多尼斯遇到了危險，便立刻趕來了。她發現阿多尼斯靜靜地躺在地上，從傷口中流出殷紅的鮮血已經染紅了他身邊白色的玫瑰花。阿多尼斯臨死時，手中還緊握著一朵銀蓮花，這種花的花期十分短暫，就像這個年輕獵人脆弱的生命。

**繪畫大師拉斐爾的傳世名作——《美少年阿多尼斯之死》，描繪的就是戰神馬爾斯變成野豬咬死阿多尼斯的悲慘場景。**

STORY **030**

# 將愛人藏進山洞

## 月神狄安娜的別樣愛情

月神是天神朱庇特的女兒，她的母親叫勒托，弟弟是太陽神福波斯，她們姐弟二人一個管理太陽，一個守護月亮。在人們心中，他們就是光明的使者和溫暖的化身。

同時狄安娜還是少女崇拜的偶像，因為她是美德與貞潔的象徵，每一個向她立下貞潔誓言的女孩如果違背了誓言，都會遭到她嚴厲的懲罰。

狄安娜非常喜歡狩獵，經常背著箭囊，拿著銀色的弓箭在山林中穿梭，所以她也是狩獵女神。狄安娜有一個侍女叫卡利托斯，她是一個很美麗的山林仙女，卡利托斯向她發誓，永遠跟隨狄安娜，終生保持自己的貞潔。

可是事與願違，朱庇特無意中看上了美麗的卡利托斯，而卡利托斯也墜入了天神編織的情網。在狄安娜離開森林返回天界的時候，卡利托斯和朱庇特在山林中度過了很多快樂的時光。

等狄安娜再次回到山林時，卡利托斯已經身懷有孕，她不得不說出與朱庇特的私情，這讓狄安娜非常惱火，她一劍刺死

TIPS

狄安娜是處女的保護神，所以她的名字成為了「貞潔處女」的同義詞。在英語中，「to be a Diana」可用來表示「終身不嫁」或「小姑獨處」。

狄安娜指責與朱庇特發生私情的卡利托斯。

了卡利托斯，腹中的嬰兒由於被朱庇特派來的特使及時救走，才倖免於難。

可是一向潔身自好的狄安娜自己也遇到了一段難以忘懷的戀情。

那是一個月色皎潔的晚上，她在山林中漫步，在經過一個山洞的時候，她停了下來。她看到這個山洞四周爬滿的常青藤很漂亮，山洞外面有一片很平整的草地，很適合休息，不遠的地方還有一群羊，她想：「這裡面不會是住著什麼人吧？」

她藉著夜色悄悄地走進了山洞，發現裡面非常安靜。突然，狄安娜聽見洞中傳來一陣均勻的呼吸聲，原來在一塊大石板上，睡著一個英俊的少年。他的獵槍就放在身邊，睡得很香，好像沒有什麼聲響可以驚動他。第一次面對這樣陌生的男子，狄安娜的心中竟然湧現一種說不出的激動，她呆呆地看著這個年輕人，彷彿有很多話想說，可是又羞於啟齒。

第二天，狄安娜滿腦子都是那個睡夢中的少年，她不知道自己是不是愛上了他，只是整整一天都心神不安。到了晚上，她又鬼使神差地來到了那個洞口，發現少年依然沉浸在睡夢中，好像什麼事情都沒有發生過一樣。見到這個少年，狄安娜的心像揣了

兔子一樣砰砰亂跳。

從此之後，狄安娜每天都在晚上悄悄地來到這個地方看望睡夢中的少年。有一天，她在臨走時不由得想輕吻一下少年，沒想到把他驚醒了。在這個浪漫而溫情的夜晚，少年第一眼就愛上了美麗的月亮女神，他告訴狄安娜自己的名字叫恩底彌翁，並請求她留下來，不要回到天上去。

人神是不能相戀的，這會給年輕的恩底彌翁帶來災難，可是他們的戀情很快就讓洞察一切的天神知道了。狄安娜為了拯救恩底彌翁，就去求父親，她對朱庇特說：「求求你，別殺死他，如果他死了，我也就不活了！」

畢竟父女情深，狄安娜的話讓朱庇特不得不重新考慮，「要不這樣吧，他可以不死，但是要陷入永久的睡眠，我派睡神去完成這個任務。」

睡神來到了恩底彌翁的山洞，想要朝他揮舞魔棒，讓他沉睡。這時恩底彌翁哀求著說：「求求你，在我睡眠的時候，讓我睜著眼睛好嗎？這樣我就可以每一天都看到我心愛的狄安娜了。」

善良的睡神同意了他的請求，而狄安娜還像從前一樣，每天晚上來到這個山洞，與睡夢中的少年相見。而每天在臨走時，她都會在恩底彌翁的額頭印上輕輕的一吻。

STORY 031

# 一箭射中愛人的腦袋

## 狄安娜中了福波斯的計

TIPS

關於獵戶座的傳說，在希臘羅馬神話故事中還有另一種說法，講述了海神的兒子俄里翁因為經常誇口自己沒有獵不到的獵物，從而惹怒了天后朱諾，於是派出一隻毒蠍子去懲罰他的狂妄自大。俄里翁死後變成天上的獵戶座，而蠍子則成為天蠍座。

狄安娜，驕傲而又美麗的月亮女神，是朱庇特最心愛的女兒，純潔而又善良。她不喜歡每天待在天上，總喜歡下凡去遊玩。有一天，她和父親朱庇特說：「父親，你看我每一天待在宮中多悶，求您給我一把弓箭，我想像那些勇敢的獵人一樣在山林中狩獵。」

「呵呵，乖女兒，我答應妳，不過要注意安全。」朱庇特對於女兒的要求從來都是有求必應。除了給她一些隨身的物品以外，朱庇特還派給女兒二十多個女僕，讓她們一起陪伴狄安娜。

來到大森林的狄安娜如同從籠子裡放飛的小鳥一樣快樂，山林中有美味的野果，有清澈的溪水，還有嘰嘰喳喳的金絲雀，這都讓她歡欣不已。

在山林的時間長了，狄安娜認識了一個叫俄里翁的年輕人，他也是打獵的能手。狄安娜向他學會了很多打獵的技能，並且很喜歡與他待在一起。俄里翁給善良的狄安娜講了很多關於打獵的故事，狄安娜越來越傾慕俄里翁的勇敢和聰明。不知不覺間，她發現自己愛上了這個勇敢的男子，一天聽不見他的聲音，心中就會產生失落感。俄里翁也喜歡她，於是兩個人就在山林中私訂了終身。

「妳是天上的月神，妳的父親會同意嗎？還有妳的那位太陽神兄弟？」俄里翁很擔憂。

「妳放心，他們都很疼愛我，不會讓我傷心的。」為了能跟俄里翁在一起，狄安娜早就忘記了自己的高貴身分。

可是狄安娜的弟弟福波斯卻反對這門親事，他對姐姐說：「要知道妳是月亮女神，妳的做法會影響神祇的尊嚴。」可是他的勸說對於狄安娜根本不起作用。

「如何才能讓姐姐對俄里翁死心呢？」福波斯知道姐姐的射

狩獵女神狄安娜。

箭技藝很高，就想出了一條毒計。

一天，他找來姐姐說：「妳也在山林中已經待了很長時間了，狩獵的技藝肯定有了很大的進步。我今天就帶妳去下界，請給我展示一下妳的射箭本領好不好？」

福波斯故意引著姐姐一步步走入自己的圈套，對於弟弟的建議，好勝的狄安娜毫不猶豫地答應了。於是，姐弟二人離開奧林匹斯山，向遠方茫茫的大海飛去。

大海上波濤洶湧，奔騰的浪花拍打著礁石，發出一陣陣驚天動地的轟鳴。這時福波斯發現了正在大海中游泳的俄里翁，他全身都浸在海水裡，只有一個腦袋露在海面上。如果不仔細看，誰也不知道那會是一個人，只會當成一朵浪花而已。他對狄安娜說：「姐姐，妳看見遠處海面上的那個黑點了嗎？那也許是一條

**英俊而強壯的獵人俄里翁。**

大魚，快搭上妳的弓箭，射中牠，我們好帶回家。」

狄安娜當下即取出隨身攜帶的弓箭，瞄準了海面上的那個黑點，「嗖」的一聲，箭就離弦而去。

那個中了狄安娜一箭的小黑點慢慢流出了殷紅的鮮血，在海面上漫延開來，「那不是一條魚，那是一個人。」狄安娜突然意識到自己犯了一個大錯誤。那個小黑點掙扎著游到了岸邊，當他用盡最後一絲力氣爬上岸的時候，就一頭栽倒地上死去了。

這個死去的人就是俄里翁，他的身上還插著狄安娜寫有自己名字的箭。看到這突如其來的一幕，狄安娜當場明白了自己中了弟弟的計謀。可是一切都晚了，她抱著俄里翁的屍體去求父親，請他再賜給俄里翁一次生命，可是朱庇特也無能為力。

看著女兒難過的樣子，朱庇特安慰道：「孩子，我只能把他提升到天界，他是一個獵手，就讓他當獵戶座吧，這樣你每天都可以看到他。」

俄里翁殞命之後，他的獵狗西立烏斯也絕食而死了。朱庇特對牠的忠誠很是讚賞，將其提升到天界，成為了獵戶座下面的大犬座。為了不使西立烏斯寂寞，朱庇特還特意給它找了個夥伴——小犬座。朱庇特知道俄里翁生前最喜歡打獵，就在他身邊放了一隻小小的獵物——天兔座。

STORY 032
# 密涅瓦的祝福

## 埃涅阿斯路遇浣衣女

埃涅阿斯是特洛伊的大英雄，特洛伊戰爭結束以後，他在尋找新城的途中，遇到了很多磨難，有幾次差點失去了生命。但這一次卻是幸運的，智慧女神密涅瓦給他安排了一次美麗的相遇。

在一個叫舍利亞島的地方，有一座城堡，裡面住著一位叫埃西卡的美麗公主。密涅瓦決定讓這個善良的女子來幫助埃涅阿斯，於是托夢給埃西卡說：「妳這個懶惰的女子，外面天氣這麼好，妳還在呼呼大睡，快起來，帶上該洗的衣服去河邊，看看會有什麼事情發生。」

埃涅阿斯和家人離開特洛伊城。

TIPS

在神話中，埃涅阿斯被視作古羅馬的神。荷馬史詩《伊利亞特》把他和傳說中的赫克托耳相比較；在維吉爾所寫的《埃涅阿斯紀》中，他是一位英雄人物。但在《埃涅阿斯紀》成書之前，埃涅阿斯就受到了古羅馬人的敬重，被尊稱為「朱庇持」——「種族的締造者」。

埃西卡從睡夢中驚醒後，急忙跑進母親的宮殿。母親看到女兒慌慌張張地跑來，就問女兒：「我的好女兒，什麼事情讓妳這麼著急？」

「母親，哪有什麼事情，我是想去河邊洗衣服，所以來告訴妳一聲，妳給我準備一輛馬車吧。」埃西卡和母親說話時遮掩著自己的心事。

很快，埃西卡的僕人就為她套好了馬車，埃西卡裝好了該洗的衣服，帶領幾個貼心的侍女來到了河邊。她們解開包裹，在一個很僻靜的地方洗完了衣服，然後將其晾曬好，就在河邊盡情地玩了起來。

「好久沒有這麼痛快地玩了，大家一起來拋球吧！」埃西卡的提議得到了大家的贊同。

密涅瓦一直在暗中觀察這些女孩子，她故意讓拋出的球飛到正在林中小憩的埃涅阿斯腳邊。這時埃西卡跑過來撿球，當她看到埃涅阿斯時覺得有些不好意思，認為自己的莽撞打攪了這位陌生人的休息。可是密涅瓦暗中給了她勇氣，在面對這個陌生男子時，她竟然沒有跑開的念頭，只是滿臉緋紅，就像天邊的晚霞。

唧唧喳喳的吵鬧聲驚醒了埃涅阿斯，他睜開眼，看到眼前的埃西卡，他懷疑自己是否還在夢中，於是他試著和埃西卡說：「美麗的姑娘，但願我沒有嚇著妳，妳為什麼到這個樹林中來呢？看來妳家離這不遠，妳一定有很善良的父兄姐妹吧。我是從特洛伊戰場上回來的，幾天前我被大風捲進了大海，好不容易才

死裡逃生。妳看我衣服襤褸，能給我一件衣服嗎？」

善良的姑娘當然願意幫助這個落難的人，她召來侍女，叫她們不要害怕，眼前的這個人只是落進海水了，並不是壞人，她還讓侍女給埃涅阿斯拿來了長袍。

穿上長袍的埃涅阿斯儼然變了一個人似的，他那健壯的體魄和俊朗的面孔無一不讓埃西卡迷戀。埃西卡暗自想：「這一定是神祇的安排，讓我來搭救這個人。如果他願意留在我們的國家，娶我做妻子，那就更好了。」

「我現在帶你回城，我的父王會歡迎你的。」埃西卡讓埃涅阿斯坐在另外一輛馬車上，一起回到了王宮。

在國王的宮殿中，埃涅阿斯得到了熱情的款待。在席間，樂師為這個遠方而來的客人彈起了美妙的琴聲，唱起了動聽的歌。他們唱的是特洛伊戰爭中的木馬計故事和大英雄埃涅阿斯的事蹟。

動人的歌聲讓這個陌生的客人淚流滿面，國王急忙問他：「外鄉人啊，你的眼中為什麼湧出了淚水？你有什麼話想說？是不是有什麼難過的事情呢？你的家鄉到底在哪裡呢？」

「尊敬的國王，感謝您對我的盛情款待，如果你們想知道我的來歷，就請靜下心來，聽我慢慢講述。」

埃涅阿斯講述著怎樣被迫參加特洛伊戰爭，在殘酷的戰爭中又是怎樣眼看著自己的親密夥伴一個個死去。緊接著講述了戰

戰鬥中的埃涅阿斯。

爭結束後，自己是如何在困難重重的旅途上跋涉，怎樣與巨人搏鬥，在埃厄海島他怎樣解救那些被太陽的女兒變成了公豬的夥伴，以及為什麼到陰間去尋找自己死難的親人。

故事還未講完，埃涅阿斯已經是淚流滿面了。

幾天以後，埃涅阿斯又要動身了。臨走時，國王送給他一條大海船還有幾個水手，並且祝福他早日回到自己的故鄉。

STORY 033

# 秋天是傷心的季節

## 冥王神鍾愛自己的妻子

TIPS

眾神之王朱庇特有位姐姐名叫色列斯，就像中國古代傳說中的神農氏一樣，她是羅馬人民尊奉和愛戴的農神。穀物、蔬菜、水果、花草，甚至連大地湧出的泉水都歸這位女神掌管。

冥王神普路托因長得太難看，加上生活在地獄，所以相對來說，他的愛情頗費一番波折。不僅和浪漫二字靠不上邊，甚至還有些恐怖，因為他的妻子是綁架來的。

在一次偶然的相遇，普路托愛上的是農神的女兒普羅塞庇娜。其實冥王平時喜歡待在自己的洞府王國中，很少去人間。在神祇的一次盛大宴會上，他邂逅了美麗的普羅塞庇娜。當時的普羅塞庇娜一襲白色的紗裙，站在母親旁邊，端莊大方而又不失嫵媚，讓冥王為之深深傾倒。

「如果能與這個女子廝守終生，那該多好啊！」他試著和普羅塞庇娜搭訕。向普羅塞庇娜求婚的神有很多，比如墨丘利、福波斯等，為了躲避他們的騷擾，農神把女兒藏在山洞中，沒什麼大事，一般不會讓她出來。恰恰是這一次例外，普羅塞庇娜的命運發生了改變。

看著滿臉鬍鬚，面目可憎的冥王來和自己說話，普羅塞庇娜急忙躲在母親的身後：「你想做什麼，這是我的女兒，你不要碰她，你會嚇著她的！」母親趕緊袒護自己的孩子。

「尊敬的農神，我沒有惡意，我只是很喜歡您的女兒，想娶她做我的妻子。」冥王不善言辭，所以表達起來有些木訥。

「不行！你生活在黑暗的地獄，那裡沒有陽光，沒有花草，全都是陰魂，我女兒會受罪的，我死也不會把她嫁給你！」農神的態度斬釘截鐵。

軟的不行，就來硬的，反正冥王也不願意和農神多說廢話。在宴會解散的時候，他乘人不備，把普羅塞庇娜變成一縷煙，從農神身邊偷走了。

丟了女兒的農神，一天到晚失魂落魄，到哪裡去尋找自己的孩子呢？她再也無心工作，滿世界尋找普羅塞庇娜。因為大地上的收成都歸農神監管，而農神此刻所有的心思都放在尋找女兒上。春天來了，她也不知道人們在地裡種下了什麼莊稼，而人們依然在辛勤勞作，在酷日下給莊稼澆水，還像往常一樣盼著有個好收成。

可是辛勞了大半年，莊稼卻是越管理越枯萎，到了最後，竟然顆粒無收。一年的希望變成了泡影，可憐的人們開始離開家

**冥王普路托搶走農神的女兒普羅塞庇娜。**

園，為了尋求活路而四處逃亡。

朱庇特看到這個情況萬分焦急，他派墨丘利去冥府，和冥王說明情況，讓他放回普羅塞庇娜。

接受命令的墨丘利來到了普路托面前，跟他說明了來意，他告訴普路托：「現在大地上的莊稼沒有一點收成，人間哀鴻遍野，如果再繼續下去，所有的人都會餓死，人類將會在這世界上滅絕。」

「可是，為了留住普羅塞庇娜，我已經讓她吃下了冥間的石榴了，她無法再返回人間了。」對於墨丘利的要求，冥王也是無能為力。

無奈之下，他們同時找到了命運女神和朱庇特，共同商量了一個折中的辦法：讓普羅塞庇娜每年有三分之一的時間在冥府和普路托在一起，而另外三分之二的時間回到人間陪伴母親。

每當母女團聚的日子，大地上就春暖花開，百鳥爭鳴，一片生機勃勃的景象。到了秋天，農神總會送給人們最飽滿的收成，人間再沒有饑餓、逃亡、流浪的悲慘景象了。而就是在這大地上一片歡騰，充滿喜悅的豐收季節裡，冥王卻在默默思念著自己的妻子。

只有普羅塞庇娜離開母親的日子，大地上才會一片蕭條，這是因為母親思念女兒，漫天的雪花就像她鬢角的白髮。

STORY **034**

# 親手燒死了自己的兒子

## 狩獵女神狄安娜的報復之舉

這是一個可憐的母親，她的名字叫做阿勒泰亞。在她的兒子剛剛出生的時候，命運三女神就來到了她的床邊。

第一位女神說：「妳的兒子將來會成為一位很出色的英雄。」

第二位女神說：「但是他的壽命很短，就像……」她的話還沒有說完，第三個女神就搶著說：「看吧，短得就像這爐中的炭火，等火苗沒有了，木炭變成了灰燼，你兒子的生命也就終結了。」說完，三女神就轉身消失了。

驚魂未定的阿勒泰亞急忙下床，把爐中的炭火用水潑滅，並把沒燒完的木炭取了出來，悄悄地藏進密室。她想用這種辦法來保全兒子的生命。

在一次盛大的祭司活動中，很多的神靈都有自己的祭品，唯獨狩獵女神狄安娜沒有，怒火中燒的她決定要報復一下這些個冷漠而又狂妄的人。她向卡呂冬草原上放出了一頭兇殘的野豬，牠血紅的眼睛噴射出熊熊的火焰，牠寬闊的背上豎著堅硬的鬃毛，粗大銳利的獠牙如同象牙一般。野豬所到之處，所有的莊稼都被毀壞，葡萄園、橄欖樹、家畜也無一倖免。

大家都對這頭野豬傷透了腦筋，阿勒泰亞的兒子墨勒阿革洛

**TIPS**

在遠古的狩獵時代，許多的狩獵活動是在夜晚進行的。月亮對先民的狩獵產生重要的作用。而在古代先民的思想中，月亮的週期性變化與女性的月經週期是會相互影響的，故也會影響到狩獵的結果。另外，女性的生殖能力強盛又是大地豐產的象徵。從而決定了，居住環境周圍獵物的多少以及狩獵結果的多寡。從而，狄安娜的三種形象：月亮女神、狩獵女神、豐產女神被創造並流傳了下來。

**圍捕野豬。**

斯召集了全國優秀的獵手，想消滅這頭害人的野豬。獵手中有墨勒阿革洛斯的兩個舅舅，還有一位女英雄，叫阿特蘭忒，從小被遺棄，長大後練就了一身很強的狩獵本領。

圍獵開始了，墨勒阿革洛斯在野豬經常出沒的山坡上設下了陷阱，並用獵狗的叫聲引來了這頭怪獸。牠朝這些人狂奔過來，圍獵的人不敢怠慢，紛紛向野豬投擲長槍，可是野豬的皮太厚，長槍根本穿不透，反而更加激怒了牠，很快就有三個獵手被踩死了。阿特蘭忒自小就生活在山林中，對付野獸有一定的經驗，她知道野豬的耳根是最軟的地方，於是搭起弓箭，射向野豬的耳根。野豬中箭，開始流血了。

圍追了半天沒傷到野豬一根毫毛，卻讓阿特蘭忒一箭給射中了。一群男人竟敗在一個女人手中，這太沒有面子了，阿勒泰亞的兒子墨勒阿革洛斯覺得有些慚愧。他急忙帶領眾獵手趕向前，用長槍，用飛鏢，用利劍雨點一般的向野豬進攻，野豬慌亂地逃竄，拼命抵擋著這些利器。用了很長時間，大家都有些累了，卻

依舊沒有傷到野豬的要害。

這時，墨勒阿革洛斯拿起手中的長槍狠狠地向野豬扎去，長槍沒有扎到野豬，牠卻向墨勒阿革洛斯奔了過來。墨勒阿革洛斯情急之中顧不得多想，拿起長槍朝野豬的脖子插進去，接著眾人也不敢遲疑，一起用長槍刺向野豬的脖子。很快，野豬就倒在了血泊中。

墨勒阿革洛斯自豪地剝下野豬的皮，連同豬頭一起送給了阿特蘭忒，並且說：「這功勞是我們兩個人的，這是妳的戰利品。」

眾獵手都不滿意墨勒阿革洛斯的舉動，特別是他的兩個舅舅，他們一直都看不起阿特蘭忒，於是很傲慢地說：「拿過來，妳不配得到這些戰利品。」他們奪過豬頭揚長而去。

墨勒阿革洛斯和阿特蘭忒。

「已經說出的話，卻讓舅舅無理取鬧地給攔回來了，舅舅做事太過分了。這不僅是看不起阿特蘭忒，同時也是

看不起自己。」想到此，墨勒阿革洛斯拿起長槍衝向前去，將自己的舅舅刺死了。

兩個弟弟都死在兒子的手中，阿勒泰亞悲痛難忍。她越想越覺得兒子的做法太過分，自己應該為弟弟報仇。她知道如果把密室中的木炭拿出來重新投進火堆，兒子的生命就會結束，面對這生離死別的選擇，阿勒泰亞猶豫再三。

她幾次想把炭塊放進火堆，幾次又縮回了手，腦子裡一會兒閃現出姐弟的親情，一會兒又看到兒子的臉龐。最終，兄弟的情誼戰勝了母愛。她呼喊了一聲：「啊，復仇女神喲，請你們望著火中獻給你們的祭品吧！還有你們，我的兄弟們，你們的亡靈喲，也看看我在為你們所做的一切吧！一顆母親的心已經破碎，我也會和你們同去的。」說著，她閉上眼睛，用一隻顫抖的手將木柴投進熊熊的烈火中。

墨勒阿革洛斯在歸來的路上突然感到一陣灼燒，他急忙跑進宮殿。他覺得自己就像一塊木炭在烈火中焚燒，不由得痛苦難耐，而他的母親就在火爐旁，對他不聞不問，漸漸地，炭火熄滅了，墨勒阿革洛斯也停止了掙扎。在墨勒阿革洛斯死後，他那可憐的母親也和他一起離開了人間。

STORY 035

愛情魔咒

## 水仙花的孤獨愛情

在一個遙遠的國度，河神娶了美麗的水澤神女利里俄珀為妻，不久就生了一個非常漂亮的兒子。河神夫婦非常喜歡自己的孩子，為了想知道孩子的前程，他們就去請求神諭。可是神諭的回答卻讓河神夫婦一頭霧水，因為神諭是這樣説的：如果想使孩子一生平安，那就不可以讓他看見自己的容貌。

誰也不知道其中到底有什麼奧妙，河神夫婦只能很小心地遵從神諭的指示，他們給孩子取名叫那喀索斯，但是從來不敢讓孩子知道自己長什麼樣。

這個孩子在河神夫婦的精心照料下，慢慢地出落成一個俊美的少年，他經常在附近的山上打獵。那喀索斯有高超的打獵本領，再加上他長著英俊的面孔，很多仙女都喜歡他，特別是一個叫厄科的仙女，更是對他愛慕有加，最喜歡和他説話。

可是有一天，厄科遇到了一件很倒楣的事情，從而使那喀索斯離開了這個美麗而善良的姑娘。原來，風流的天神朱庇特經常帶一群仙女來林子中打獵，很少回去，這讓天后朱諾非常生氣。一次，她悄悄地尾隨而來，恰好遇到厄科，厄科看見朱諾來了，立刻湊上前去打招呼：「尊敬的天后，妳怎麼來了？難道妳也是喜歡打獵嗎？」

TIPS

美男子那喀索斯愛上了自己的影子，每日臨池自照，傾影自憐，依依不捨，最終有一天因憔悴落入水中身亡，死後化為水仙花。水仙花從此成了「自戀花」，心理學術語「水仙花情結」就出自這個故事。

「走開，我來是有別的事情！」朱諾不喜歡厄科的搭訕。

「那妳是來做什麼呢？要知道這山林中到處是野獸，還有獵人設下的陷阱，妳在這會有危險的。」其實厄科知道朱諾的來意，故意和她拖延時間，以便讓朱庇特離開眾仙女，不讓朱諾抓到任何把柄。

可是這卻給厄科帶來了麻煩，「住嘴，妳這像麻雀一樣的女子，妳的廢話讓我厭煩，我要讓妳永遠也不會說話！」狠毒的朱諾施了魔法。從此，厄科就再也不能完整地說話了，只是重複別人話語中後面的幾個字。

當厄科再次見到那喀索斯的時候，與那喀索斯說的話再也不像原來那樣完整了。她依然想與那喀索斯在一起，可是卻又詞不達意，這讓讓那喀索斯很反感，他對厄科說：「妳為什麼老是纏著我？」

「纏著我。」

「我沒有纏著妳，是妳老纏著我，妳這樣一個連說話都說不完整的人，還是離開吧。」

「離開吧。」厄科接著說。

厄科的話讓那喀索斯十分氣憤：「滾遠點，我永遠都不要見到妳！」說完就跑遠了。

山林中只剩下美麗的姑娘厄科，她知道那喀索斯再也不會接

**迷戀自己的那喀索斯。**

受她了，便一個人待在一個山洞中獨自流淚。慢慢地，她像枯萎的花朵一樣消失了。

眾仙女為了懲罰那喀索斯，就給他下了一道神諭，讓他一輩子也得不到自己想要的愛情。

有一天，那喀索斯在山上打獵，有點疲憊的他來到了一條小溪邊，想停下來喝點水。他蹲下身子，撩起一把溪水，突然他看見溪水中有一個容貌絕佳的美人，生得明眸皓齒，紅紅的臉像秋天的蘋果，他從來也沒有見過如此美麗的人。

他想去親吻，可是水中的美人卻消失了，等水面平靜下來後，美人才出現。那喀索斯正想去擁抱，美人又消失了。就這樣反反覆覆，那喀索斯再也不捨得離開這條小溪，他每天茶飯不思，只等著溪水中那個美人出現，自己好多看一眼。

時間久了，他忘記了自己是誰，忘記了自己曾經鮮活的生命，他在溪邊的草叢裡，眼睛沒有了往日的清澈，俊秀的面龐像被風吹落的葉子一樣慢慢枯萎。

第二年的春天，在那喀索斯死去的地方，長出了一片嫩黃的花朵，散發著淡淡的清香。那黃花在風中搖擺，像是在講述一個委婉的故事，又像是在傾訴一段衷腸。

為了紀念這個絕世的美男子的離奇愛情，仙女們把這黃色的小花起名叫做「水仙花」。

STORY **036**

# 七弦琴打開地獄之門

## 冥王成就了一段愛情故事

冥王普路托，掌管著所有死難的亡靈，誰見了都繞著走。可是就是這個滿臉鬍鬚不苟言笑的地獄之神，也對世間生離死別的愛情伸出了援助之手。

太陽神福波斯的兒子叫俄耳甫斯，他同時也是色雷斯的國王。福波斯知道他喜歡音樂，就送給他一把七弦琴。這個國王用七弦琴彈奏出了最美妙的聲音，天上的飛鳥，林中的走獸，就連頑石也感嘆這動聽的琴聲，他的琴聲讓這個世界充滿了濃濃的暖意和款款的深情。

歐律狄刻是他美貌的妻子，也被俄耳甫斯的琴聲所傾倒，他們夫妻二人朝夕相處，恩愛和睦，令眾神羨慕。可是美好的時光總是過得很短暫，在一個沒有任何危險預兆的日子，歐律狄刻和其他仙女一起在草坡上散步，無意間草叢中竄出一條毒蛇，恰好咬中了歐律狄刻的腳後跟。

中了蛇毒的歐律狄刻立刻倒在地上，疼得滿臉都是豆粒大的汗珠，眼看她的生命就要慢慢消失了，該怎麼辦呢？俄耳甫斯做出了一個大膽的決定：去求冥王普路托網開一面，放過自己的愛妻！

他找到了福波斯曾經的戀人西比爾，西比爾是一個女巫，可

TIPS

俄耳甫斯死後，他那金色的基發拉琴，在福波斯和繆斯們的請求下，被朱庇特送入太空成為星座——天琴座。

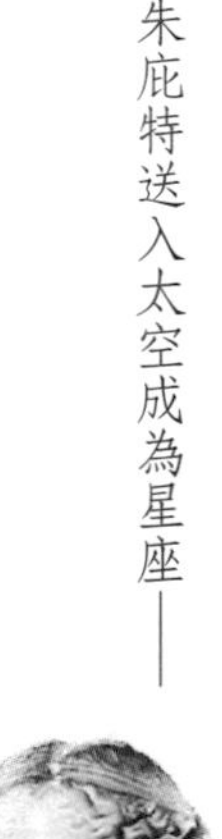

俄耳甫斯在冥王面前彈奏七弦琴。

以隨意的穿梭於陰陽之間。他向西比爾說明了來意，求她帶自己去冥界走一次。

在俄耳甫斯的懇求下，西比爾答應了他的請求。

他們來到了一座山頂湖邊，湖水的四周與上空是茂密的樹枝，遮天蔽日，看不到一點光亮，這個湖的名字叫做維爾努斯湖。西比爾告訴俄耳甫斯說：「這湖底有一個洞穴，是通往冥府的必經之路，不過在去往冥府的路上，你必要閉上眼睛，無論聽到什麼聲音，千萬不要睜開，否則就前功盡棄了。」

說完，他們二人就進入了洞穴，俄耳甫斯小心翼翼地跟在西比爾身後，他們過了冥河，來到了冥神普路托的陰森宮殿。大殿上坐著威嚴的冥王和冥后，俄耳甫斯此刻也顧不得害怕了，他一心想救活自己的愛妻，他開口就說道：「尊敬的冥王，我是色雷斯的俄耳甫斯，我來是……」

還沒有等他說完話，普路托就開口了：「我知道你是來做什麼的，人的壽命都是上天規定的，我也無能為力，你還是回去吧，我是幫不了你的！」

冥王站起身子就要走，這時俄耳甫斯又懇求他聽聽自己滿腔的心願。

俄耳甫斯拿出了自己心愛的七弦琴，用歌聲傾訴了對妻子的愛情、婚後生活的甜蜜幸福及失去妻子的悲傷絕望，最後他要求冥王把妻子歐律狄刻還給他，如果不行，他寧願永遠留在冥國陪伴著妻子的亡魂。冥王和冥后那堅硬的心也被俄耳甫斯如泣如訴的歌聲打動了。

冥王普路托告訴俄耳甫斯：「我不忍心再拒絕你的請求，你就帶上你的愛妻回去吧。但是記住在你們歸去的路上，牽著妻子的手，千萬不要回頭，否則一切就都無法挽回了。」

在眾神的使者墨丘利的帶領下，俄耳甫斯牽著妻子的手一路上小心地遵照冥王的警告，沒有回頭。終於他的腳踏到了地面，俄耳甫斯再也忍不住了，他回過頭想確定妻子沒有在濃霧中迷失方向。

他看到了歐律狄刻的影子就在他身後，俄耳甫斯情不自禁地伸出手去，但墨丘利立刻拉著歐律狄刻掉頭走去，影子越來越遠，最後沉沒在黑暗之中。陷入極度絕望的俄耳甫斯站在那裡就像變成石頭人一樣，讓他無法承受的是，造成妻子第二次死亡的罪人正是他自己。

STORY 037

# 穿越輪迴不變心

## 曙光女神歐若拉的戀愛故事

TIPS

歐若拉是羅馬神話中的黎明女神，身分等同於希臘神話中的厄俄斯。她有時也被指為極光，不過大多數時間她還是被稱為黎明女神，因為歐若拉的希臘文就是黑夜轉為白天的那第一道光芒。

歐若拉是羅馬神話中美麗而溫柔的曙光女神，掌管著神奇奪目的北極光。同時，她還是黎明女神，因為她為黑暗的大地帶來第一道曙光，所以她的到來，就意味著新的一天的開始，同時也意味著新的希望。

美麗的曙光女神曾經愛上過一個凡間的獵人，叫刻法羅斯，她非常希望這個年輕的獵人也愛上自己，就想盡辦法接近他。她覺得自己一定會感動刻法羅斯，可是刻法羅斯卻是一直都沒有動心，因為他一直愛著自己的妻子，這讓美麗的曙光女神很懊惱。她對這個獵人說：「我可以不再糾纏你，但是你很快就會失去妻子的！」

刻法羅斯拒絕了黎明女神的求愛。

刻法羅斯回到家，妻子高興地說：「你看，這是狩獵女神送給我的禮物。」說著，她拿出來一把標槍，還牽出一條獵狗，「以後你就帶上它們去上山打獵吧！」

那隻狗可以追上任何獵物，而那把標槍卻給他帶來了厄運。

刻法羅斯有一個習慣，打獵累了就會躺在樹林中睡覺。他抱著那根標槍，睡夢中叫著歐若拉的名字。不久，他的夢話被別的獵人告訴了他的妻子。

年輕的妻子不知道丈夫在山上搞什麼名堂，就偷偷地跟在丈夫的後面上山了。她找到了丈夫經常睡覺的地方，就躲在一個大石頭的後面。當丈夫睡著以後，真的就聽見他在夢裡叫歐若拉了。她認為丈夫已經變了心，就在大石頭旁邊輕輕地哭泣起來。妻子的哭聲驚醒了睡夢中的刻法羅斯，他冥冥中聽到不遠處有悉悉索索的動靜，就下意識地拿起標槍投向那個發出聲響的地方。只聽得「啊」的一聲，他趕緊跑過去，發現妻子已經奄奄一息了。

在臨死時，妻子掙扎著問他：「你已經不愛我了是嗎？」

「怎麼會？我從來都沒有想過要去愛別的女人。」刻法羅斯後悔莫及。

「如果你還愛我的話，就答應我，千萬別與那個叫歐若拉的女人結婚！」說完，妻子就閉上了眼睛，死在了丈夫的懷中。

曙光女神還愛上了另外一個凡間男子，在一起生活了很長時

間，並且生了四個風神，分別是東風神、西風神、南風神與北風神。可是他們之間的愛情被天神發現了，朱庇特不允許天上的女神與凡間的男子隨意的結婚生子。這時歐若拉哭哭啼啼地來求朱庇特：「求求你，萬能的天父，放過我們吧！如果沒有他，我會痛苦而死的。」

曙光女神在眾神中的人緣一直很好，從來也不惹是生非，大家都很喜歡她，都來幫她說話，一時間朱庇特的心也軟了下來。他對曙光女神歐若拉說：「難得你們如此真心的相愛，我就讓你的丈夫終生不死。」

終於可以與丈夫長相廝守了，歐若拉十分的高興，可是事情接下來變得麻煩了。她丈夫很快就老了，整日病魔纏身，雖然不死卻活得痛苦不堪。歐若拉不忍心看著丈夫每天都生活在呻吟之中，她求朱庇特收回當初的許諾。可是朱庇特說，已經答應了咒語永遠不能解除。

無奈之餘，歐若拉只得把丈夫變成了一隻蹦跳的螞蚱。每當歐若拉傷心的時候，她的眼淚就滴落在草叢中，變成晶瑩的露珠，而螞蚱就喜歡在草叢蹦蹦跳跳，也許是在尋找那多情的眼淚吧？

STORY **038**

# 魔盒是這樣打開的

## 朱庇特報復人類

萬神之王朱庇特看到地上有一群人在生活，就想讓他們來給自己進獻祭品，可是卻受到了人類的保護神普羅米修士的愚弄，惱羞成怒的他憤恨地離去。回到奧林匹斯山，朱庇特很快就想到了一個報復的方法。

他命令火神伏爾岡鑄造了一個美女石像，讓智慧女神密涅瓦給這個石像披上神祕的面紗，戴上美麗的花環，還給那瀑布般的長髮束上了金色的髮帶。其他的神祇給予了這個美女石像一雙會說話的眼睛，銀鈴一般的聲音，以及婀娜的身材。最後朱庇特給這個充滿魅力與誘惑的石像取了一個名字叫做「潘朵拉」。

天上的諸神見了潘朵拉無一不驚嘆她那超凡脫俗的美麗，可是這任務還只是完成了一半。朱庇特拿來一只盒子，告訴眾神說：「由於人類對神祇不敬，我要狠狠地懲罰他們，你們把最惡毒的詛咒放進盒子中，讓潘朵拉帶到人間，送給那可惡的人類！」

眾神聽了，紛紛把瘟疫、戰亂、死亡、病痛、殺戮以及冷酷統統裝進了盒子中，只有密涅瓦為了挽救人類命運悄悄地將「希望」放在盒子的最底層。就這樣，潘朵拉就帶著魔盒來到了人間。

TIPS

在古希臘語中，「潘」是「所有」的意思，「朵拉」則是「禮物」。

手捧魔盒的潘朵拉。

在人間，潘朵拉見到了普羅米修士，她使出渾身的魅力來勾引普羅米修士：「偉大的人類締造者，我是從萬神之王朱庇特的宮殿來的，請讓我留在你身邊永遠服侍你吧！」

「可愛的姑娘，我從來不接受朱庇特的賞賜，我是不會留下妳的。」對於來自天神的賞賜，普羅米修士從來都是冷漠地拒絕。

普羅米修士有個傻乎乎的弟弟叫厄庇墨透斯，他卻發瘋似地愛上了這個人間少有的美女，非要娶她不可。普羅米修士告誡他說：「你怎麼這麼糊塗，朱庇特的禮物是可以隨便接受的嗎？你忘記我們對他的愚弄了？他會報復我們的。所以，我們凡事都要小心！」

「可是這樣一個女人有什麼錯？你看她那麼的善良，她不會加害我們的。」弟弟不聽哥哥的勸阻，依然鐵了心要娶潘朵拉。

「既然你非娶不可，我也不再阻攔，不過潘朵拉手中的那個盒子，你千萬不要打開，我擔心它會給人間帶來災難。」普羅米修士萬般無奈，只好答應了弟弟的婚事。

厄庇墨透斯倒是非常聽哥哥的話，成婚之後，他經常叮囑潘朵拉，不要打開盒子。雖然潘朵拉很想打開盒子看看，但是她怕惹怒普羅米修士，所以這個裝滿詛咒的盒子就一直沒有打開。

這樣的日子過了很久，大地上一片和諧安詳，人們的生活一直是安然無恙。有一天，厄庇墨透斯要外出，留潘朵拉一個人在家，她在寂寞之餘看到了那個盒子。「這個盒子到底有什麼奇怪的？」她拿起盒子上下左右翻看了一遍，好像沒有什麼特別之處，可是她很想看看裡面是什麼樣子的。

就在她打開盒子的一瞬間，一股濃煙從盒子中冒了出來，緊接著一個龐大的怪物夾雜著恐怖的笑聲從盒子飛出來了，「哈哈，妳今天終於把盒子打開了，我要讓這世界充滿了恐怖和瘟疫，讓這些人嚐嚐病痛和死亡的滋味……」怪物一溜煙似地跑出去了。潘朵拉嚇得趕緊關上了盒子，可是所有的罪惡都已經跑出來了，只有希望藏在最下面，在潘朵拉關上盒子的一瞬間，希望被死死地關在了裡面。

朱庇特利用潘朵拉在人間散發了災難以後，又把普羅米修士用堅固的鐵鏈拴在了高加索山上，並派了一隻兇惡的老鷹每天來啄食他的心臟。一直過了數百年，一個過路的大英雄解救了普羅米修士，但是普羅米修士的手腕上依然拴著鐵環，以此證明他實際上並沒有真正逃脫天神對他的制裁。

STORY 039

# 千錘百煉始成鋼

## 青春女神嫁給赫丘利斯

TIPS

赫柏是朱庇特和朱諾的女兒，是一位永遠年輕的青春女神。同時，她也是諸神的斟酒官，在每次宴會中，由她替諸神斟酒。後來她嫁給升上天界的大英雄赫丘利斯，而斟酒官一職，朱庇特從人間找來年輕英俊的特洛伊王子Ganymede來代替。

青春女神赫柏為海神尼普頓夫婦斟酒。

青春女神是赫丘利斯在天上的妻子，也是天后朱諾的女兒。可是朱諾卻一直痛恨赫丘利斯，因為朱庇特在赫丘利斯未出世之前就決定讓珀爾修斯的後代統治邁錫尼。朱諾出於嫉妒，延緩了赫丘利斯母親阿爾克墨涅的分娩，同時使珀爾修斯之孫歐律特魯斯提前出生。不僅如此，她還給赫丘利斯的一生安排了許多磨難，讓他一次次陷於死亡的邊緣。

被命運的枷鎖控制的赫丘利斯一生過著流亡的生活，從而養

成了放蕩不羈的性格。

一天，他慕名到了一個叫卡呂冬的國家，準備向美麗高貴的公主得伊阿尼拉求婚。可是公主被醜惡的河神阿刻羅俄斯纏上了，她的父親就貼出了告示，宣布誰能殺死這怪物，就把女兒許配給他。

雖然赫丘利斯曾經制服過很多兇猛的怪物，但是對於河神，他仍然不敢輕敵。搏鬥中，河神變作一條蟒蛇，差點把赫丘利斯勒死，赫丘利斯使出全身的力氣撬開了蛇嘴，剛想將其撕碎，蟒蛇又變作了一頭公牛。赫丘利斯一步上前掰斷了牛角，這時河神才現出原形跪地求饒。

可惡的河神被赫丘利斯制服了，按著告示，赫丘利斯娶了國王的女兒伊阿尼拉為妻。結婚之後，赫丘利斯對妻子很忠誠，夫妻間的感情一直很好。

有一次，赫丘利斯不慎又闖下大禍，不得已帶著妻兒在外面躲避。一路上的艱辛自不必說，在經過一條大河時，恰巧遇到了正在擺渡的河神。河神變成一個老艄公，當船走到河中央時，河神拿出來一瓶藥水偷偷給了伊阿尼拉，告訴她說：「這是一瓶沾了詛咒的魔水，如果妳的丈夫背叛了妳，妳把藥水撒在他身上，他就會回心轉意。」

伊阿尼拉不以為然的接過了藥水，她不相信丈夫會背叛她。

許多年之後，赫丘利斯參加了一次戰鬥。在戰爭中，他殺死

了國王和他的三個兒子，並俘虜了年輕美貌的公主伊俄勒，然後囑咐僕人把她帶回了自己的家中。

僕人帶回來一個漂亮的女人，要安排在自己的王宮中，伊阿尼拉不禁有些懷疑。

她對僕人說：「這個女子看起來不像是普通人家的子女，好像出身很高貴，她到底是誰？」

「尊敬的王后，她是俄卡利亞國的公主，赫丘利斯殺死了她的父兄，把她帶回來是準備迎娶她的。」僕人心懷叵測地說。

「丈夫怎麼會變心呢？」伊阿尼拉想到了那瓶藥水，為了挽回丈夫的心，她將一件衣服塗上了藥水，交給了僕人，讓他捎給赫丘利斯。

做完了這一切，伊阿尼拉就耐心地等著丈夫回來和自己團聚。

可是她等來的卻是一個晴天霹靂，她的小兒子回來了，進門就指責她：「媽媽，妳為什麼如此狠毒？我的父親穿上了妳給他捎去的衣服，就像是有幾百條毒蛇在撕咬他的身體，我把父親帶回了家，他已經奄奄一息了。」

伊阿尼拉萬萬沒有想到會是這樣的結果，她無法面對兒子的指責，也無法面對被折磨得死去活來的丈夫，就拿起劍自刎了。

此時的赫丘利斯正萬分悲痛地說：「我這一輩子，制服了那

麼多兇殘的野獸，在戰爭中躲過無數的利劍和長矛，而今卻死在一個女人的手中。兒子啊，我死後，你一定要替我去懲罰你的母親。」

「可是，媽媽為了抵罪，已經死去了。」兒子哭著說。

聽到妻子已經自殺，赫丘利斯的眼中沒有了先前的憤恨，他對兒子說，「你立刻搭起一堆木柴，把我放在上面，然後點燃它。」

就這樣，燃燒的木柴升騰起一陣青煙，赫丘利斯的魂魄化為一片彩雲飛到了天上。在天庭，歷盡磨難的赫丘利斯遇見了朱諾的女兒——青春女神赫柏，看到赫丘利斯遭受了這麼多折磨，朱諾也就不再懲罰他了，於是將女兒赫柏嫁給了赫丘利斯。

STORY 040

# 英雄竟是負心人

## 美狄亞的愛恨情仇

TIPS

狄美亞是古往今來最著名的復仇女神，也是所有受背叛、嫉妒所苦的女性的守護神。

伊阿宋是伊俄爾科斯國王埃宋的兒子，在他的叔父珀利阿斯奪取王位後，親人們將其送給馬人喀戎哺養。成人後，他回到家鄉，要求繼位。狡猾的珀利阿斯卻要求他先去埃厄忒斯取回金羊毛，意欲借刀殺人。

年輕氣盛的伊阿宋接受了條件，帶領阿耳戈船隊開始遠征。經過千辛萬苦，他們到達埃厄忒斯國王那裡，國王的女兒美狄亞是個巫師，她愛上伊阿宋，幫他順利取回金羊毛。伊阿宋返回後，見父親和兄弟都被珀利阿斯殺害，母親也自殺，於是決定報仇。

美狄亞用魔法驅使珀利阿斯的女兒們將父親剁成肉塊煮熟，並謊稱可使國王恢復青春，事後她們得知上當，便將伊阿宋夫婦趕出伊俄爾科斯。夫妻二人逃亡到科林斯，得到國王克瑞翁的保護，在這裡生下兩個兒子。後來伊阿宋愛上克雷翁的女兒，年輕漂亮的格勞克。在得到了克雷翁的同意後，伊阿宋便回家與妻子商量解除婚約。

「我並不是不愛妳，也不是喜新厭舊，而是為了這個家著想，格勞克是國王的女兒，我和王室結親，今後對於我們的孩子有很大的好處。」

「你難道忘記了曾經的誓言？我為了你拋棄了榮華富貴，斷送了父兄親情，你卻如此忘恩負義！」對於伊阿宋的冷漠無情，美狄亞十分絕望。

可是伊阿宋堅持要與格勞克結婚，就連格勞克的父親克雷翁也來指責美狄亞：「帶上妳的孩子們，快點離開，有妳在這裡，這個國家會遭殃的！」

克雷翁的話讓美狄亞感到屈辱，她忍住淚水說：「求求你不要趕我走，我不會傷害任何人，也不會傷害格勞克。如果他們願意在一起，我只能接受命運的安排。」

表面看美狄亞是在軟弱地哀求，但實際上，她心中正在醞釀復仇的計畫：「是燒毀他們的新房，還是偷偷摸進那陳設著新床的房裡，用一把鋒利的劍刺進他們的胸膛？」她感到後面這種辦法不好。萬一走進新房時被人捉住，那她就活不成，還要被仇人嘲笑。她靈機一動，對！最好還是用她最熟悉也最簡捷的辦法，用毒藥害死他們。

伊阿宋此時已經開始籌辦自己的婚事了，可是對於前妻美狄亞，他想一定要安排好才是。這天他找到了美狄亞，想和她好好談一談：「我給妳一大筆珠寶，妳帶著孩子回妳的故鄉吧。」

這時美狄亞早已想好了對付負心郎的辦法，她假裝很理解伊阿宋：「親愛的，我想過了，你的做法也是為了孩子，我早就不生氣了，如果你願意，還可以把孩子接過去，我也會和你的新婦處理好關係。」

美狄亞的話讓伊阿宋長出了一口氣，被喜悅沖昏頭腦的他覺得自己真是太幸運了。這時美狄亞又接著說：「你們結婚，我也應該送點禮物才是。」

她轉身去密室拿出了很多的珠寶，同時還有一件錦袍。她把錦袍交給伊阿宋，告訴他說：「結婚的那天，你讓格勞克穿上這件衣服，一定會非常漂亮。」

離開了美狄亞的住所，伊阿宋興致勃勃地把錦袍交給他未來的新婦格勞克手中。當格勞克穿上這件錦袍的時候，笑容還掛在臉上，在屋子裡還沒走幾步，悲慘的一幕出現了：那件被浸了魔藥的錦袍越來越緊，直勒得格勞克喘不過氣來，很快她就口吐白沫，倒在地上沒有呼吸了。這時錦袍就化為一團火，將格勞克的皮肉燒得吱吱作響。

新婦轉眼就變成一具燒焦的屍體，伊阿宋心如刀絞，欲哭無淚。他急忙向美狄亞的住處奔去，剛走到家門口，就見美狄亞乘著她祖父赫利俄斯送給她的龍車，帶著兩個兒子的屍體出現在空中。為了報復自己的丈夫，美狄亞竟親手殺死了愛子。

伊阿宋怒不可遏，指著美狄亞大罵：「可惡的東西，妳竟忍心殺害妳自己生的孩子！」

「這是你應得的報應！」……

他們相互咒罵，指責對方是殺害兒子的兇手，儘管兩人都為兒子的死而悲痛。無奈，伊阿宋請求美狄亞把兒子的屍體給他，

他要親手葬埋兒子，哀悼他們。

為了報復負心的丈夫，美狄亞殘忍地殺害了自己的骨肉。

倔強憤怒的美狄亞一口拒絕，「我要把他們帶到朱諾的神廟親手埋葬，免得我的仇人侮辱他們，挖掘他們的墳墓。我還要在那裡舉行很隆重的祭禮，贖回我的罪過。」

伊阿宋也悲憤滿腔，詛咒美狄亞：「妳這可惡的女人！但願孩子們的報仇神和那報復兇殺的正義之神，把妳毀滅！」但他還是想再撫摸兒子細嫩的身體，親吻兒子可愛的嘴唇，可是美狄亞就是鐵心不答應。她乘著龍車，帶著兒子的屍體，向著那遙遠的天邊默默地飛去。

伊阿宋看到事情無法挽回，就拔出寶劍，自刎而死。

STORY 041

# 你是魚，我是水

## 海神尼普頓夫婦感情至深

TIPS

尼普頓經常尋花問柳，但莎拉西婭並不妒忌，也從未當眾與他大吵大鬧。她只干預過一件事情，就是把美麗的水仙斯庫拉變成了一個醜陋而可怕的女海妖。

尼普頓是眾神之王朱庇特的兄長，在提坦之戰結束之後，他成為偉大而威嚴的海神，掌管環繞大陸的所有水域。從此，尼普頓就有了力挽狂瀾和呼風喚雨的無邊法力，並且還擁有一件兵器——三叉戟，每當他揮動這件神奇的寶物時就能引起海嘯和地震。尼普頓經常乘坐銅蹄金毛馬拉的車翻越海浪，但是更多的時候則喜歡待在水下的金色宮殿中休憩玩樂，訓練他的水域千軍。

雖是一母同胞，但尼普頓並不像朱庇特那樣工於心計，相反地他看上去很愚鈍，並且有時還暴躁易怒。他發脾氣的時候常用他那法力無邊的三叉戟來攪動大海，海面上便會狂風大作，巨浪滔天，使海上航行的商人提心吊膽。尼普頓也因此收受了不少賄賂，當然，在迎來送往中，我們的這位神仙也是樂在其中。

做為一個海洋之神，尼普頓也做過不少像英雄救美、引泉灌溉等好事，從這一點上看，他還不失為一個心地善良的神祇。所以愛琴海附近的漁民對他非常喜愛和崇拜。

一天，尼普頓的心情非常好，又駕車出去巡視自己的王國，恰好遇到太陽神福波斯也駕車走過天庭，讓這位神仙的巡視又多了一份舒暢和閒情逸致。他索性放開韁繩，讓戰車緩緩前行。就在經過納格索斯島的時候，海灘上有一群仙女在翩翩起舞，其中一位女子立刻引起了他的注意，因為這位女子無論是面容還是舞

莎拉西婭是海神尼普頓的妻子，在希臘神話中對應的是波塞冬的妻子安菲特里忒。

姿都比其他仙女更勝一籌。尼普頓簡直看呆了，「或許這就是傳說中的一見鍾情！」他心中暗想，「這無疑就是我的新娘！」

依尼普頓急躁的性格，心中產生了愛慕之情，自然想去表達。

「美麗的姑娘，妳願意嫁給我，做我幸福的妻子嗎？」面對這個魯莽而又陌生的人，這個叫莎拉西婭的女子滿臉疑惑，「你是誰？我為什麼要嫁給你呢？」

「我從見到妳的第一眼，就愛上妳了，我的心中已經深深的烙下了妳的影子。美麗的姑娘，我多麼希望妳能和我在一起，白天駕著我們心愛的馬車巡視那遼闊的海域，晚上就住在我們金碧輝煌的宮殿裡，有眾多的海洋生靈為我們輕歌曼舞，妳會是這天

下最快樂的女人！」

莎拉西婭並沒有被尼普頓的話語所感動，相反對於他唐突的愛情覺得有些不可理喻。她無法面對尼普頓一次又一次熱情的表白，最後竟然躲藏了起來，這可讓平時叱吒風雲的海神一籌莫展了。

幸虧他人緣好，有眾多的海洋動物給他幫忙，有一個熱心的海豚找到莎拉西婭，告訴她說：「尼普頓是一個有情有意的神祇，曾經救過一位因天旱出來尋找水源而落難的少女，並且用三叉戟撬開岩石的縫隙，為那個國家的民眾送去了甘洌的清泉。這樣的人，不值得去愛嗎？」

聽了海豚的講述，莎拉西婭終於有些心動了，她想，大家都這麼喜歡尼普頓，嫁給這樣的神肯定會很幸福的。再三考慮後，她終於答應了尼普頓的求婚。精誠所至，金石為開，經過了漫長而艱難的愛情長跑，尼普頓終於贏得了美人的青睞。這可是一件大喜事，成親那天，尼普頓邀來了所有的神祇，諸神對於尼普頓寄予了百般的祝福，還給他贈送了貴重的禮品。

一年以後，他們的孩子特里同就降生了。

STORY **042**

# 愛你有商量

## 人神之間不可能完美的愛情

淒美的愛情故事總是貫穿在古老的神話傳說中，成為最令人心動的一幕，這是一場一開始就被詛咒的愛戀，它在降臨的時候就已經預示了悲劇的結局。

當年美麗的狄多嫁給腓尼基王子緒開俄斯後不久，她的丈夫就被自己的親哥哥蓄意殺害了，女王為了躲避哥哥對自己國家財富的搶奪與霸佔，狄多帶上黃金寶藏和自己的一群貼身的女僕，甩掉了哥哥的跟蹤之後，幾經輾轉，來到了非洲北部一個叫阿非利加的地方。她們在這裡買了一塊地，善良而又有智慧的狄多便和她的子民在此過上了安逸的生活，這塊土地後來就成為了最著名的迦太基城。為了緬懷自己的丈夫，狄多女王還在宮中修建了一座祭壇用來祭奠丈夫亡靈。

顛沛流離、飽受戰爭之苦的埃涅阿斯以及大批的特洛伊人在創建新城的路上經過此地的時候，受到了女王以及當地百姓的熱情招待。女王告訴他們說：「我早就聽說過你們的故事，你們的精神早已傳遍了世界的角落，在和希臘人十年的爭戰中，失去了家園，失去了安定的生活，不管你們在迦太基暫時停留還是長期居住，我都會滿足你們的一切合理要求的。」

雖然如此，可是由於迦太基和特洛伊人的一些錯綜複雜的利害關係，依然有人擔心這種寄人籬下的狀態長期下去會滋生出許

TIPS

古國腓尼基位於北非突尼斯北部，臨突尼斯灣，處於東西地中海要衝。西元前九世紀末，腓尼基人在此建立殖民城邦。西元前七世紀，發展成為強大的奴隸制國家。西元前三世紀七十年代，羅馬對外擴張，成為迦太基的勁敵，爆發了古代史上著名的三次「布匿戰爭」。西元147年，迦太基城被羅馬軍夷為廢墟。

多的矛盾，尤其是對於特洛伊人來說，這種安逸是如此的珍貴。

為了剷除這些後顧之憂，埃涅阿斯精明的母親維納斯讓自己的小兒子丘比特向狄多射出了愛神之箭，中了愛神之箭的狄多突然發現眼前的埃涅阿斯是如此的英俊瀟灑，她又是如此地願意聽他講述他自己的故事，甚至不忍心丟掉任何一個細小的眼神與表情。每一次宴會過後，埃涅阿斯優雅的談吐和英俊的面龐都會一次又一次地浮現在她的腦海中，以致於後來的宴會上，狄多完全忘記了自己是一個女王，她像親人一樣與埃涅阿斯談笑風生，讓這位遠離故鄉的人感受到了家一般的溫暖。

伴隨著這種愉快的氣氛，女王安排了一次狩獵。在狩獵的過程中，恰好遇到了傾盆大雨，為了避雨，狄多和埃涅阿斯躲進了附近的山洞中，在這個山洞中，狄多女王把自己多日來對他的思念與愛慕傾瀉而出，她告訴埃涅阿斯：「從來沒有過的感覺，每次宴會過後，我心都是空落落的，像少了什麼東西，可是一個女王又會缺什麼呢？我甚至忘記了自己的身分，一次又一次地安排著有你參加的宴會，這種感情的折磨已經讓我寢食難安。」

聽了狄多的這些話，埃涅阿斯非常感動，眼前這位女子聰明善良，儀態端莊，不正是自己想要尋覓的妻子嗎？尤其是對一個飽受流離之苦的人來說，還有什麼比一個舒適的家更有吸引力呢？他很快就接受了狄多的感情。

相依相伴的日子過得很快，夫妻二人沉浸在溫柔鄉裡，以致於埃涅阿斯忘記了自己是一個過路人，忘記了身上背負著為特洛

**埃涅阿斯與狄多女王在一起。**

伊人創建新城的神聖使命。這讓朱庇特焦急萬分，他派墨丘利向埃涅阿斯傳達神的旨意，為了偉大的特洛伊人民族，讓他立刻肩負起使命離開此地去創建新城。這時的埃涅阿斯恍然大悟，他必須要告別狄多奔赴新的征程，臨別時，狄多哀求說：「你為什麼不可以留下來？如果你想要一座新城，我的整個帝國都是你的。」

「可是，我的愛人，如果我完成不了使命，那麼我即便是留下來，也不會過上安寧的日子，命運已經為我安排好了一切，這是神的旨意，不可違抗。」

說這話時，埃涅阿斯又何嘗不是萬箭穿心。

面對埃涅阿斯的回答，狄多傷心欲絕，她大聲喊道：「走吧，你這可惡的騙子，你這可惡的特洛伊人，你為什麼要向我編織那麼多的謊言，但願我永遠不要再看到你，永遠。」

埃涅阿斯走了，帶著他的特洛伊人，帶著他神聖的使命走了。

失去了埃涅阿斯，就像失去了整個世界，這位多情而又美麗的女王不知道自己活下去還有什麼意義，她認真地為自己梳洗打扮，穿上最漂亮的衣服，向著心愛的人離去的方向凝望了許久許久。最後，狄多拿出了埃涅阿斯留下的寶劍，絕望地刺向了自己的心臟。

STORY **043**

# 半人半馬度半生

## 神靈之戀鑄禍端

這是一個封閉、愚鈍、與世隔絕的民族，他們世代繁衍生息在台伯河岸邊，直到神明薩圖恩駕駛大船來到這裡後，才為此地帶來了文明的火種。薩圖恩教他們學會生存的各樣技能：如何預知災難、如何馴養牛羊、如何向大地索取更多的寶藏。許多年以後，這裡的人已經是安居樂業、衣食無憂了。

薩圖恩給這個地方起名叫拉丁姆，希望這裡的人們遠離災難、罪惡和戰爭。可是善良的人們怎麼會知道，一團罪惡的陰雲已經悄悄地籠罩了拉丁姆的上空，為這個地方帶來了不可預知的災難。

薩圖恩的兒子皮庫斯接管王位的時候，由於繼承了父親諸多優良的品德，他同樣也是一位才華出眾的君王，深得人們喜愛。可是後來他卻在一個狩獵的林子中迷了路，被一個叫喀爾刻的老巫婆盯上了，巫婆使出百般的伎倆企圖使皮庫斯留下來，可是皮庫斯至死不從，最後被巫婆變成了啄木鳥。他的妻子因為極度思念終日鬱鬱寡歡，最後化為一陣青煙飄向了叢林。

皮庫斯的兒子法烏諾斯繼承了父親的王位，這個時候附近阿文丁山上的怪物卡科斯開始頻繁地侵襲這個民族。他是火神的兒子，可以噴出熊熊烈火，焚燒萬物，吞噬國民，可是法烏諾斯卻對此束手無策。

TIPS

台伯河見證了羅馬從神話時代到帝國時代的整個發展過程，在羅馬歷史上有舉足輕重的地位。台伯河的河神台伯努斯是古羅馬神話中的主神，也是羅馬城的保護神之一。

這樣在陰霾與膽顫中，過了很長時間，終於有一天，大英雄赫丘利斯趕著的牛群經過這裡，貪婪的卡科斯盯上了肥美的牛群，從而惹怒了赫丘利斯，被他一掌拍死了。從那以後，這個國土就沒有了死亡的威脅，可是法烏諾斯卻犯下了另一樁罪過，並且使自己終生得不到神靈的饒恕。

法烏諾斯有一個同胞妹妹名叫福娜，這是一個純潔美麗的少女，她從不和外面接觸，整日待在哥哥的王宮中。很多人都知道王宮裡有一個純潔的少女，卻沒有人見過她。這一天，法烏諾斯想到要去看看自己的妹妹，當他推開妹妹的房門，卻驚奇地發現妹妹披頭散髮、目光呆滯、滿身酒氣地坐在地上，他趕緊上前把妹妹扶起來問道：「我的妹妹，妳這是怎麼了？妳怎麼成這副模樣了？是誰給了妳這些毒汁，我可憐的妹妹。」

可是任憑他怎麼問，妹妹就是不說話，好像中了魔法一樣。氣急敗壞的法烏諾斯拿起了樹枝，朝妹妹不分青紅皂白地打了下去，挨了打的妹妹依然是一言不發，法烏諾斯打累了，停了手，卻發現可憐的妹妹已經沒有了氣息。由於他親手打死了妹妹，他遭到了神明的懲罰，天神朱庇特念他不是存心作惡，所以沒有剝奪他的生命，只把他變成了一個怪物：上半身是人，下半身是馬。

從那以後，拉丁姆——這片與世隔絕的、被百般祈禱與祝福的大地上便充滿了罪惡、戰爭與殺戮。

STORY 044

# 化身凡人到世間

## 丘比特射出愛情之箭

在羅馬神話的諸神當中，有這樣一位神祇，他專為世間的男女送去愛戀，給枯燥的生活增添浪漫的情調，這就是我們大家最喜歡的小愛神——丘比特。

他每天背著箭袋飛來飛去，一會兒把金色的箭射向這個人，一會又把鉛色的箭射向那個人，導演了一幕幕愛情悲喜劇，當然他自己從來都是觀眾。可是他沒想到，有一天自己居然也做了愛情劇裡的主角！

希臘有一個沒有什麼名氣的小城邦，城裡到處都有愛與美之神維納斯的廟宇。

人們尊重她，熱愛她，總是把最好的祭品獻給她。可是最近幾年來，情況似乎發生了變化。維納斯的廟宇開始被冷落了，去獻祭的人越來越少，後來簡直門可羅雀；供桌上到處是灰，地上的塵土已積了很厚，廟宇的牆角也有了蜘蛛網。女神看到這種情況不由得大怒，她立即變作人到城中查訪。

原來這個小城邦的國王有三個女兒，最小的女兒近兩年來出落得十分美貌。她體態娉婷，面容姣好，一雙眼睛水靈靈的，令人眩目。見過她的人都不知道用什麼辭彙來形容她，只是逢人便誇，於是這位公主的美名就在城中四處傳開了。城裡的人民都以

TIPS

丘比特一直被人們喻為愛情的象徵，他和母親維納斯一起主管神、人的愛情和婚姻。他擁有一張金弓、一支金箭和一支鉛箭，被他的金箭射中，便會產生愛情，即使是冤家也會成佳偶，而且愛情一定甜蜜、快樂；相反，被他的鉛箭射中，便會拒絕愛情，就是佳偶也會變成冤家，戀愛變成痛苦、妒恨隨之而來。

公主的美做為自己國家的驕傲，每天都有無數的人來到王宮一睹她的風采。大家把她當作女神來崇拜，甚至把最好的東西獻給她，彷彿她就是維納斯。

維納斯非常嫉妒她，便命令丘比特去懲罰她。然而丘比特不小心被自己的箭射中便深深愛上了她，於是降下神諭指示國王將小女兒放到懸崖上，讓野獸吃掉。

這個消息使老國王大驚失色，可是誰敢違抗神的旨意呢？萬般無奈，他只得把女兒送到了懸崖上，與女兒痛哭告別。

一番叮嚀之後，父親傷心地離開了，只剩下普塞克一個人在懸崖上獨自等待野獸的降臨，迎接命運殘酷的安排。過了許久，她睡著了，在夢中她彷彿被人抱著來到了一個美麗的山谷。

當她醒來的時候，她發現自己在一座輝煌瑰麗的宮殿中，這時有一個聲音在空中響起：「美麗的公主，妳喜歡這裡嗎？如果妳願意留下來，那麼這裡的一切都是妳的。」

「你是誰？我為什麼會在這裡？」公主詫異的問道。

「我是妳的丈夫，如果妳願意做我的妻子，這兒就是妳的新家，妳將會是世界上最幸福的女人」。

聽了這話以後，普塞克覺得自己夢寐以求的愛情就在眼前，她答應留下來做這個宮殿的女主人。

從此，普塞克就幸福地生活在這裡，白天，她的衣食住行都

有人伺候，晚上，她的丈夫就來宮中陪伴她，只是有一點很遺憾，她見不到丈夫的面孔。

這樣的日子雖然幸福，但是卻很單調，時間一長，這位漂亮的公主不免想念她的家人。

這個想法讓丈夫知道了，他第二天就接來了公主的兩個姐

普塞克偷看丘比特。

姐，三姐妹一見面，自然有許多想念的話要傾訴，普塞克急於想讓姐姐們知道自己有多幸福，可是姐姐們更關心的是她的丈夫是什麼樣子的。普塞克在姐姐的盤問之下，不得不告訴她們，自己也從未見過丈夫的模樣。

姐姐們想知道丈夫的模樣，再加上普塞克自己也想知道心愛的人長得什麼樣，她們便想了一個主意，趁晚上丈夫熟睡的時候，拿蠟燭悄悄觀看丈夫的模樣。

在燭光的照耀下，普塞克看見自己的丈夫是如此英俊，不由得激動起來，竟抖落了手中的蠟燭油，滴到了丈夫的臉上。丈夫被燙醒之後，遷怒於公主的失信，帶上弓箭頭也不回地飛走了。

普塞克萬分懊惱自己的行為，她跋山涉水，開始了尋找丈夫的征程。直到有一天，有一個好心的人告訴她，她的丈夫就是維納斯的兒子丘比特。於是，她找到了維納斯的宮殿，維納斯在此時仍然心懷嫉妒，她決定普塞克讓吃一些苦頭。

她讓普塞克在一天之內將四百斤混在一起的大米、麥子和豆子分開，然後去兇暴的牧羊身上摘取金羊毛，最後從毒龍守護的冥河中汲取生命泉水。

結果，螞蟻幫助普塞克在傍晚之前分出了四百斤穀物；河神幫助她採集了相當於一隻羊產量的金羊毛；在西風之神的指點下，她平安地從冥河中汲取了生命之泉。

最後，維納斯讓普塞克去冥府向冥后索取一個盒子，在返回

的路上，普塞克好奇地打開了盒子，想看看裡面是什麼東西。

就在她打開盒子的一瞬間，她陷入了沉沉的睡眠之中。這時候，丘比特出現了，看到為了尋找自己而險些陷入危險的普塞克，丘比特所有的怒氣都煙消雲散了。

他在普塞克的額頭印上深深的一吻。美麗的公主醒了，她睜開眼，看到了自己日夜思念的人，頓時把所有的思念化為緊緊的擁抱，再也不願分開了。

# 第三章 經久不息的人神大戰

STORY **045**

# 英雄也要耍陰謀

## 珀爾修斯騙取美杜莎的頭顱

TIPS

戈爾工是希臘神話中的蛇髮女妖三姐妹，居住在遙遠的西方，是海神福耳庫斯的女兒。她們的頭上和脖子上都佈滿鱗甲，頭髮都是一條條蠕動的毒蛇，都長著野豬的獠牙，還有一雙鐵手和金翅膀，任何看到她們的人都會立即變成石頭。在戈爾工蛇髮女妖三姐妹中，只有美杜莎是凡身，她的姐姐絲西娜和尤瑞艾莉都是魔身。

嫉妒的心腸總是相伴絕倫的美貌應運而生，智慧女神密涅瓦自恃是天下無雙的美女，不允許任何人比她更漂亮，善良的又純樸的少女美杜莎就是死於她的妒忌烈焰之中。

美杜莎是一個美麗的姑娘，有著一頭金子般的秀髮，一雙像泉水一般清澈而又多情的眼睛楚楚動人，深得人們的喜愛。但是密涅瓦不允許世上有這樣一位美女存在，她施展法力，將美杜莎的金髮變成了滿頭纏繞的青蛇。雖然頭髮沒了，但是美杜莎的心卻沒有變，她天生的那種純潔依然可以從她那動情的雙眸中反映出來，在人們心裡，她依然是一位美麗的姑娘。

嫉妒的天性再次驅使密涅瓦下毒手，她這次想殺死美杜莎，她便派珀爾修斯去完成這項任務。

珀爾修斯是朱庇特的兒子，他的外公和母親是一個王國中的國王和公主，當年老國王因為懼怕珀爾修斯長大後會篡奪王位而把自己殺害，所以很早就把他們母子倆放逐到很遠的地方。所幸朱庇特一直在保護這對母子，他們才得以平安無事。

**手持美杜莎頭顱的珀爾修斯。**

做為神的兒子，珀爾修斯自然聽命於神的派遣與召喚，何況一直以來他都想證明自己的英勇無敵。

臨行前，密涅瓦告訴他：「我要給你幾件寶物，一雙可以騰雲駕霧的飛鞋，一只皮囊，一頂戴在頭上就可以隱形的狗皮盔。你要隱身接近她，用青銅盾擋住她的目光，這樣可以保證你不會因為觸到她的目光而變成石頭。勇敢的人，相信你會成功的！」

記住了密涅瓦的話，珀爾修斯帶上這幾件寶物便上路了。

一路上，珀爾修斯都在盤算怎樣對付美杜莎。自己雖然手持

寶物，但是美杜莎也有一定的法術，必須小心才是，否則完成不了任務不說，自己還有可能賠上性命。這樣想著，很快就到了美杜莎的住所。可憐的姑娘此時正在睡覺，這讓珀爾修斯大喜，他對著熟睡的美杜莎舉起了刀，不費吹灰之力，便砍下了姑娘的頭顱。殷紅的鮮血從被砍斷的脖頸處像泉水一樣湧了出來，可憐的姑娘身子痛苦地扭曲了幾下，便不動了。她的頭被拋在一邊，一滴眼淚從她那雙明亮的眼睛裡流了出來。隨後她閉上了雙眼，再也沒有了往日的光澤。

做完了這一切，珀爾修斯稍做了一下喘息，然後他拾起那顆人頭，把它裝進皮囊中。

走出美杜莎的住所，珀爾修斯想到了智慧女神密涅瓦，他朝著她的方向高高的舉起了美杜莎的頭顱。

STORY **046**

# 比仙女美麗的妻子

## 珀爾修斯的仙履奇緣

**描繪珀爾修斯解救安德洛美達的畫作。**

完成了密涅瓦交待的任務，珀爾修斯一陣輕鬆。這時從死去的美杜莎的身體中跑出一匹奔馬，珀爾修斯不便在此地逗留，便帶上美杜莎的頭顱，跨上奔馬，飛向了天空。

飛馬在經過埃塞俄比亞海岸時，他發現一個美麗的姑娘被鐵鏈鎖在了一塊大礁石上。於是便停下問道：「美麗的姑娘，妳遇到了什麼事情？為什麼會被鎖在這裡？我可以幫助妳嗎？」

姑娘在岸邊已經被鐵鏈鎖了很多年，孤苦無助，聽到有人關切地詢問，她非常感動。

TIPS

在秋季星空中，銀河從東北至西南貫穿整個天空。在東面星空有一系列皇族星座：仙王、仙后、仙女、英仙和飛馬座；它們的名字全部來自於同一個希臘神話中的角色。

她對這個熱心的陌生人說：「我本是埃塞俄比亞國王的女兒，我叫安德洛美達，我的母親叫喀西俄帕，因為我們自恃美麗的話語惹怒了這大海中的仙女，海神便把我鎖在了礁石上。」

聽到了姑娘的敍述，珀爾修斯便找到了埃塞俄比亞的老國王，向他打聽事情的原委。

老國王看到這個年輕人態度很真誠，便向他說起了痛苦的往事，他說：「當年我的女兒誇讚自己的容貌而得罪了這大海中的仙女，她們紛紛跑去向她們的父親尼普頓告狀。誰都知道海神暴躁易怒的脾氣，他向我們的國土發動了猛烈的進攻。時而巨浪滔天淹沒了莊稼，時而連年大旱顆粒無收，不僅如此，他還派了一隻鯨魚，來侵襲我們的百姓，毀壞我們的房屋，讓我們無家可歸。」

「那就沒有什麼解決的辦法嗎？」

「後來，在我們的哀求下，那可惡的海神終於有些讓步了，他說只要我把女兒鎖在海邊的礁石上，便放了我的百姓。」說到這裡，老國王深深地嘆了一口氣，痛苦的心情溢於言表：「我們人類怎麼鬥得過神仙呢，從那以後，我那可憐的女兒便被鎖在了石頭上，算作對海神的活祭。」說完，國王老淚縱橫。

聽完老國王的講述，珀爾修斯十分同情他們的遭遇。他決心解救這苦難的公主，讓他們父女得以團圓。

聰明的珀爾修斯並沒有直接動用自己的法力，他找到了海神

尼普頓，向他陳述利害關係。海神對這個年輕人不屑一顧，因為他生性桀驁不馴，又怎麼會對一個年輕人的話感興趣呢？珀爾修斯告訴他說：「我的父親是天神朱庇特，如果你不答應我的請求，我立刻去天庭尋求父親的幫助。」

聽了這番話，海神的態度就沒有剛才那麼生硬了，因為他知道朱庇特的威力，再加上他們是親兄弟，他覺得犯不上因為這點小事鬧矛盾，傷了兄弟情義不說，鬧不好還給自招來禍端。想到此，他對珀爾修斯說：「去吧，孩子，帶上那位姑娘走吧。」

在海邊飽受海浪侵襲的姑娘終於盼來了釋放的日子，安德洛美達高興得像飛出籠子的鳥兒。她萬分感激這位聰明勇敢的年輕

**珀爾修斯英雄救美。**

人，心中不免對他滋生了很多的好感。其實珀爾修斯也早就傾慕於公主的美麗，他對公主說：「妳的美貌早已打動了我，使我停下了飛行的腳步。不知道妳是否願意做我的妻子，我可以把妳接到天庭，我們每天相依相伴。」

珀爾修斯的一番話正是姑娘安德洛美達心中所想的，她覺得眼前的這位年輕人正是自己可以託付終身的對象，便愉快的答應了珀爾修斯的求婚。

完成了任務的珀爾修斯此時帶上妻子安德洛美達回到了天庭，密涅瓦非常滿意珀爾修斯的這些壯舉，就請求朱庇特把珀爾修斯提升到了天界，變成了秋夜星空中的英仙座。同時還把珀爾修斯的妻子安德洛美達安排在了他身邊，成為仙女座。

從此，他們便相依相伴，成了真正的神仙美眷。

STORY **047**

# 朱庇特輕輕地揮揮手

## 柏勒洛豐摔下馬背

在羅馬神話故事的眾多人物中，有這樣一位年輕人，他英俊瀟灑，談吐彬彬有禮，正直善良同時又不為美色所動，這就是英雄柏勒洛豐。柏勒洛豐是西緒福斯的兒子，在他繼承了王位之後，因為過失殺人，為了逃避追殺與懲罰，不得不出逃。經過漫長的跋涉，他來到了一個叫提任斯的國家，這裡的國王叫普洛托斯，他非常欣賞這位年輕人，於是熱情地招待了柏勒洛豐，並對他說：「年輕人，我非常喜歡和欽佩你的才華與為人，你可以在我的國土上長期居住，我不會追究你以往犯下的罪過。」

柏勒洛豐對國王的盛情非常感激，他對老國王說：「尊敬的國王陛下，我非常感謝您對我的收留，做為回報，我一定為這個國家的興旺盡我最大的努力。」

就這樣，柏勒洛豐便在這個國家居住了下來。這個儀表堂堂、身材魁梧的年輕人每天在皇宮裡進進出出，天長日久，老國王的妻子安忒亞竟對他萌生了愛戀，她想盡了一切辦法，勾引柏勒洛豐。可是柏勒洛豐心地善良，他感激國王對自己的收留之恩，又怎麼可以答應王后的要求呢？

這樣一來，王后惱羞成怒以後，便心生歹意，她跑去找到國王，哭哭啼啼地說：「親愛的陛下，你每天忙於朝政，對你的妻子不聞不問，你收留的那個朋友對我一再威脅與騷擾，讓我無處

TIPS

關於柏勒洛豐的神話，既具有古代民間故事的特點，又有關於希臘時代以前所崇拜的神祇的概念。索福克勒斯和歐里庇得斯都將其編成悲劇故事流傳下來。

躲藏，我可怎麼辦？」 國王聽了妻子這番話，感到非常惱怒和憎恨。他不願意再讓這個人在自己的國土上多逗留一天，他隨即寫了一封家書，托柏勒洛豐長途跋涉去送給自己遠方的岳父。

穿過了大海，翻越了森林，走了很長時間，柏勒洛豐來到呂喀亞，終於見到了國王伊俄巴忒斯。他拿出了那封書信對國王伊俄巴忒斯說：「這是您的女婿托我捎來的一封家信。」

接過書信，伊俄巴忒斯仔細地看了一遍，上面的內容竟讓他大吃一驚，因為信中說，眼前的這個人由於在提任斯犯下了不可饒恕的罪行，請求岳父處死他。看完書信以後，國王伊俄巴忒斯沉默了很久，他看看書信，又看看柏勒洛豐，發現眼前的這位年輕人舉止溫文爾雅，談吐不俗。他便對信的內容有些半信半疑，又怎能忍心去殺害他呢？可是又不能把他留在此地，想到這兒，他便對柏勒洛豐說：「我們呂喀亞國土上有一個怪物叫做喀邁拉，生得面目猙獰，力大無比，時常出來殘害百姓，誰也制服不了他。我把這個任務交給你，希望你能除掉惡魔。」

接到這個任務以後，大家都為柏勒洛豐擔心，因為大家知道那個怪物不是一般人可以制服的。他是巨人的兒子，生得獅身龍面，口吐烈火，無惡不作。這個柏勒洛豐無疑是要大禍臨頭了。怎麼辦呢？這時有人想到海神尼普頓有一匹神馬，可以讓牠出來幫助這個年輕人去戰勝惡魔。

可是神馬總歸是神馬，不是那麼容易駕馭的，柏勒洛豐費了九牛二虎之力，也沒有將其馴服，最後累得在小河邊睡著了。在

**柏勒洛豐大戰怪物喀邁拉。**

夢中，他見到了智慧女神密涅瓦。密涅瓦告訴他說：「我給你一個轡頭，你立刻去給海神尼普頓進獻一頭牛，然後把這個轡頭套在神馬頭上，你就可以駕馭這匹馬了。」

柏勒洛豐醒來後，發現身邊果然有一個金色的轡頭，便立刻去給尼普頓獻了一頭牛。回來以後，他把轡頭套在了神馬頭上，這時的神馬就非常配合了。他穿上盔甲，騎上馬背，神馬騰空躍起，他隨即搭弓射死了怪物喀邁拉。

透過這個事之後，伊俄巴忒斯發現柏勒洛豐並不是一個罪人，而是受神祇保護的寵兒。他不再想著怎樣去傷害柏勒洛豐，而是把他留了下來，並把自己心愛的女兒菲羅諾許配給了他。

柏勒洛豐與菲羅諾成親以後，妻子為他生下了兩個男孩和一個女孩，生活富足美滿。

這樣的日子又過了許多年，柏勒洛豐的性格變得有些傲慢孤高。

有一次，眾神在奧林匹斯聖山上舉行了集會，儘管柏勒洛豐並不是神祇，但他依然想去參加。在半路上，朱庇特差遣了一隻牛蠅去螫神馬，使他摔下馬背，臉上的傲慢也隨之被摔得無影無蹤。

從此，他羞於見人，竟獨自跑到了一個沒有人煙的地方，靜靜地度過了餘生。

STORY 048

# 戀母情結始自底比斯城

## 殺父娶母的悲劇戰爭

底比斯國王拉伊俄斯一直被一個可怕的神諭困擾著，說他將來會被自己的孩子殺死。

在他的兒子出生以後，他就讓人把孩子扔到了山裡。而大難不死的孩子被一個牧人撿起，送給了自己的國王波呂波斯，恰好波呂波斯夫妻二人一直沒有孩子，所以很高興的收養了這個孩子，並給他起名字叫俄狄浦斯。在波呂波斯夫妻的百般呵護下，俄狄浦斯漸漸長大，他不僅武藝非凡，而且相貌出眾，大家都喜歡他。

在一次跟朋友的聚會上，俄狄浦斯偶然聽說自己不是波呂波斯夫妻的親生孩子，他很鬱悶，就去問母親，可是母親說：「傻孩子，你怎麼可以相信外人的話呢？你不僅是我們的孩子，而且將來是要繼承王位的。」

為了知道自己將來的命運，俄狄浦斯去求神諭，可是他得到了一個很可怕的神諭，神諭裡說，他將來會殺父娶母，這讓他惶恐不安，為了逃避神諭，他不得不避開自己的父母去遠方流浪。

離開家鄉的俄狄浦斯有一次帶著自己的隨從到一個叫俾俄喜阿的國家去。在一條狹窄的路上，他們遇到了一輛馬車，那馬車上坐著一個老者，前面趕車的人很蠻橫的叫俄狄浦斯的馬車讓

TIPS

後來，受俄狄浦斯統治的國家不斷有災禍與瘟疫，國王因此向神祇請示，很想要知道為何會降下災禍。最後在先知提瑞西阿斯的揭示下，俄狄浦斯才知道他是拉伊俄斯的兒子，終究應驗了他之前殺父娶母的不幸命運。震驚不已的伊俄卡斯特羞愧地上吊自殺，而同樣悲憤不已的俄狄浦斯，則刺瞎了自己的雙眼。

開，而年輕氣盛的俄狄浦斯當然不服氣，他一鞭子就把趕車的人給打下車了。

這時老者下了車走向俄狄浦斯要和他理論，俄狄浦斯更不把他放在眼中，更何況老者年老體弱，根本經不起俄狄浦斯的暴打，很快就倒在地上，沒有了呼吸。而這個老者，就是俄狄浦斯的生身父親拉伊俄斯。

拉伊俄斯死了，底比斯一時出現了極其混亂的局面，他們暫時讓王后伊俄卡斯特的弟弟來執政。

這時城裡出現了一個獅身人頭的大怪物。她每天坐在路邊，給過路的人出謎，要求過路的人猜她的謎底，猜不上來的就被她吃掉，如果答上來她的謎語，她就會轉身跳下懸崖。可是她的謎沒有一個人能猜出來，就連國王的兒子也被她吞食了。一時間整個底比斯全國上下人心惶惶，沒有人敢再出門了。

國王的心裡非常的著急，他貼出了告示，告示裡說，如果有人能夠猜得出怪物的謎語，制服這個怪物，就把姐姐伊俄卡斯特嫁給他為妻，並且還給他王位。

這時恰好俄狄浦斯來到底比斯，他見到了那個大怪物，大怪物給他出了一道題，問他什麼東西早晨四條腿走路，中午兩條腿走路，晚上三條腿走路。

聰明的俄狄浦斯很快就給出了答案，他說：「這個太容易了，這不就是人嘛，早晨、中午和晚上代表人的幼年、中年和老

年。」

聽了俄狄浦斯的回答，怪物羞愧的轉身跳下了懸崖。

俄狄浦斯與斯芬克斯。

吃人的惡魔終於被消除了，這讓底比斯所有人的心裡都鬆了一口氣。他們十分感激這個外鄉的年輕人，特別是臨時國王克瑞翁，遵照告示裡的承諾，他把姐姐伊俄卡斯特許配給了俄狄浦斯，而逃避神諭的俄狄浦斯就在底比斯跟王后伊俄卡斯特結成了夫妻，他們先後生了四個孩子，他和伊俄卡斯特一起掌管著底比斯王國。

可是有誰知道，俄狄浦斯新娶的妻子伊俄卡斯特恰恰就是他的生母，可怕的神諭像魔鬼始終跟隨著可憐的俄狄浦斯，他最終也沒能逃脫被牽制的命運。

STORY 049

# 用兒子的肉考驗眾神

## 坦塔羅斯自食其果

TIPS

「坦塔羅斯的苦惱」暗喻能夠看目標卻永遠達不到目標的痛苦。

並不是所有的人都能夠嚴以律己，為人處世小心謹慎，以保持自己良好的形象。有的人總是瘋瘋癲癲、醜態百出，用我們當前的話說就是要小聰明缺心眼。天神朱庇特的兒子坦塔羅斯就是這樣一個人。因為他天生具有高貴的血統，可以與眾神一起飲酒玩樂，談天說地，而別人討論問題也不用避諱他。

他自恃父親是眾神之王，自己也常常在諸神聚會時被頻繁誇讚，久而久之，便滋生了傲慢的情緒，時常做出一些有悖道德的事情。比如滿嘴謊話，經常洩露神祇內部的祕密。漸漸地，諸神就對他的行為就有些不滿了。

最要命的一次，在一個節日裡，坦塔羅斯邀請諸神來家中做客，竟然突發奇想，想試探這些神祇到底有沒有通曉一切的本事。他為了實現這個荒誕的想法，就把自己親生的兒子殺死了，然後剔骨剝肉，用盡各種作料，醃、燜、焯、剁、煎、炸、烹、炒，企圖掩蓋人肉本身的形狀與味道。他忙了整整一天，做了一大桌子的菜，請諸神來品嚐。

諸神來到一看，發現這一大桌子的酒菜十分豐盛，就拿起刀叉開始就餐。還沒等吃到嘴裡，眾神就把肉放回了盤子中，交頭接耳地說：「這肉的味道有些不對，總覺得不正常。」只有穀場女神色列斯在默默地咀嚼一塊肉，她思念剛剛失蹤的女兒，有些

心神不定，對眼前發生的事情渾然不覺。這時，一個神祇提醒她說：「色列斯，妳怎麼了？妳難道沒有發現這幾道菜有什麼問題嗎？大家都不吃了，妳也不要吃了。」

一句話提醒了色列斯，她急忙放下了手中的刀叉，看著大家嚴肅的神情，便猜到肯定是發生了很嚴重的事情。

這時命運女神走了過來，她把這些散碎的骨肉重新裝進一個容器中，很莊嚴地默唸了一些咒語。轉眼間，就見所有零散的骨肉都整合在了一起，變回了坦塔羅斯兒子的模樣。這讓所有的神

喝不到冥河之水，吃不到地獄之果的坦塔羅斯。

祇都大惑不解，坦塔羅斯怎麼能夠做出這樣喪盡天良的事情呢？太有悖常理和人倫了。雖然兒子活了過來，但是肩膀上少了一塊骨肉。色列斯為了彌補自己的過失，獻出一塊發著純淨白光的象牙，冶煉之神用它做了一個肩膀。

從這以後，諸神對坦塔羅斯非常失望，便不再理會他。這事傳到了朱庇特的耳中，讓他大為惱火，為了狠狠地懲罰這個不肖的兒子，把他打入了地獄，讓其經受百般的磨難，遭受百般的摧殘。坦塔羅斯被放在一個大磨盤上，一圈又一圈，親眼看著自己的身體被磨成肉汁，血流滿地；還被綁在柱子上，任憑烏鴉啄食他的眼珠子和心臟，一次又一次，自己卻無能為力。神祇不給他一點喘息的機會，還不讓他吃到任何食物。他的頭上吊著一塊巨石，狂風不時刮過來，巨石搖搖欲墜，死亡之神時時威脅著他，讓他時刻不得安寧。

這就是坦塔羅斯，因為他的行為猥褻了神明，所以被打入地獄，永無休止地忍受著無盡的折磨。

STORY 050

# 不敬神者不可活

## 尼俄柏為傲慢付出了血的代價

做為一個女人，特別是一個母親，她的職責是相夫教子，恪守婦道；如果是一個王后，她更應該母儀天下，用自己的愛心來關愛普天下蒼生。可是尼俄柏又是怎麼做的呢？做為一個王后，她做事飛揚跋扈，也不知道是不是受了她父親坦塔羅斯的影響，反正她的行為讓百姓們傷透了腦筋。

看看她的表現吧！在一次盛大的祭奠儀式上，她穿著最華貴、最耀眼的禮服，身後跟著成群的侍女，來到了祭祀的地方。當她看到眾人紛紛獻上祭品，來表達對神祇的頂禮膜拜時，她放聲大笑了起來：「你們這些愚蠢的人，你們有誰見過神祇？沒有！你們誰也沒有見過。只有我的父親，與神祇一起飲酒作樂；我的祖父是萬神之王朱庇特，掌管整個宇宙；所有的夫利基阿人都聽從我的指揮，這城池和寶藏全是屬於我的！繆斯女神送給我們一把神琴，它美妙的聲音可以黏結所有城牆，使我們的統治牢不可破。」

TIPS

朱庇特很同情尼俄柏的遭遇，就將她變為一座噴泉，噴泉中湧出的全是她的淚水。後來，人們將它移到她的故鄉佛里吉亞的西皮洛斯山上，淚水仍然繼續湧出。

這時大家都站了起來，莫名其妙地聽她演講。尼俄柏又來了興致，接著說：「最讓我驕傲的是，我有七個兒子、七個女兒，兒子英勇善戰，女兒美貌絕倫。你們誰可以做到？你們去敬奉勒托，她是誰？一個不起眼的女人！連生存的地方都沒有，被朱諾趕得滿世界亂跑。更可憐的是，她只有兩個孩子，她怎麼能和我比呢？你們卻要去敬奉她，真是太可笑了，你們太愚蠢了。」

惹不起，總躲得起吧，眾人紛紛拿走了自己的祭品，默默地轉身回家了。

這時，在提洛斯的山頂上，勒托和她的子女也看到了這狂妄的一幕。她轉過身，對子女們說：「做為你們的母親，我不比任何一個女神低微，今天卻被一個傲慢的人間女子如此侮辱。不僅是我，就連你們自己也會遭到尼俄柏的詛咒的。」

尼俄柏的子女被太陽神和月神射殺。

勒托的兒子福波斯接過了母親的話說：「母親，妳不要生氣，也不要著急，看吧，她不會有什麼好下場的。」

目中無人、不可一世的尼俄柏很快就遭到了報應，她引以為榮的幾個兒子全都死於非命。在一次騎馬比賽的時候，他們被不知從何處飛來的利箭一個一個的

射中了，竟逃不掉，也躲不開，有的被射中胸口，有的被射中喉嚨，跌下馬來之後當場斃命。

轉瞬間，這些可愛的孩子就失去了鮮活的生命。這個不幸的消息立刻傳遍了全城，老國王受不了失去兒子的痛苦，竟然拔劍自刎了。

尼俄柏這個一貫驕傲的女人，聽到了一個又一個的噩耗，巨大的痛苦讓她瘋狂，她對著天空發出了惡毒的詛咒：「可恨的勒托，我的兒子都死了，巨大的悲傷會把我也帶進墳墓！我即便是死了，也比你富有，比你高貴，你這低賤的人！」

這時她的女兒們為慘死的兄弟穿上了潔白的喪服，走到了母親身邊。她們扶起悲傷的母親，可是母親嘴裡還在喋喋不休地辱罵著勒托。這時天空一道銀光襲來，弓弦響過，她可愛的女兒們也一個一個中箭，應聲倒地死去。

就這樣，女神勒托的兒子福波斯用箭射死尼俄柏所有的兒子，女兒狄安娜射死尼俄柏的全部女兒。

空曠的大地上只剩下了尼俄柏一個人，她的周圍佈滿了子女的屍體。此時的尼俄柏被悲傷榨乾了眼淚，被狂風吹乾了血液，她輕飄飄的身子被大風吹離了故鄉，被吹到了一座荒山上，變成了一個光禿禿的石頭。從此，孤苦伶仃的她整日遭受著風雨的侵襲。

STORY 051

# 還有誰比他更英勇

## 赫丘利斯的十二件功績

TIPS

赫丘利斯是羅馬中最偉大的英雄，他神勇無比，完成了十二項英雄偉績，被升為武仙座。此外，他還與伊阿宋一起遠征覓取金羊毛，解救了普羅米修士等。有關他的神話故事，歷來都是文藝家們樂於表現的主題。在現代語中赫丘利斯一詞已經成為了「大力士」的同義詞。

赫丘利斯是一位傳奇的英雄人物，他是珀耳修斯的兒子，是朱庇特的孫子。在他出世之前，朱庇特就為他安排好了未來的前途與命運。這是一個頗受神明眷顧的孩子，他生得英武俊朗、挺拔帥氣，勇猛無比又能騎善射，天生爽朗的性格深得大家的喜愛。

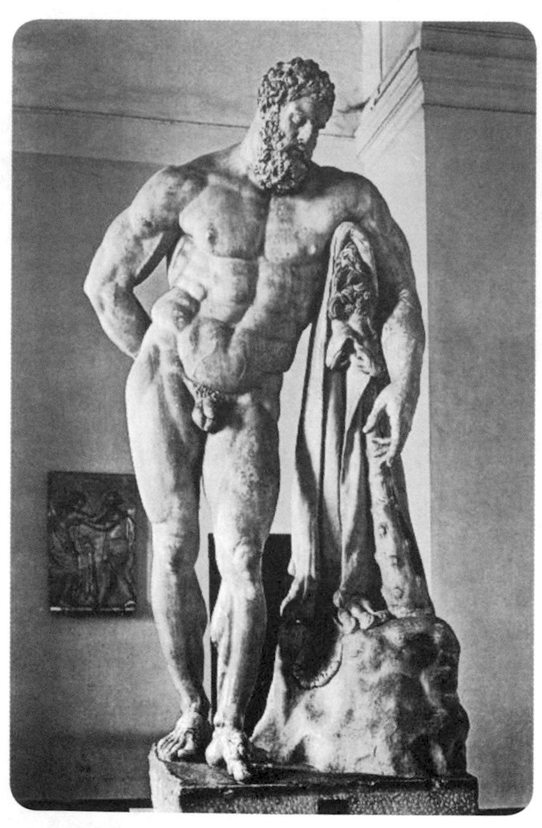

赫丘利斯一生中做過很多除暴安良為百姓造福的事情，下面的故事講的就是他一生中最顯赫的十二件功績。

有一次，他在打獵歸來的途中，遇到了明葉國派往底比斯收取年貢的使者。這些年貢對底比斯人來說不僅不合理，而且使人不堪重負，它像一塊巨石壓在底比斯人的心頭。為了幫助底比斯人擺脫這些

負擔，他出手打死了來討要年貢的使者，從此惹怒了明葉國王埃爾吉諾斯。他向底比斯發動了戰爭，陷入戰爭的國家一片混亂，一時間民不聊生。智慧女神密涅瓦在暗中助了赫丘利斯一臂之力，送給他一件可以抵擋任何利劍的頭盔，又給了底比斯人許多有神力的武器。就這樣，他們打得明葉人節節敗退，直至衝進明葉城，俘虜了明葉國王。

不久，他遇到了一個受惡魔詛咒的巨人。巨人一腳可以踏平高山，一陣咆哮可以讓大地震撼，百姓死在他手裡像碾死螞蟻一樣的簡單。當奧林匹斯聖山上燃起熊熊戰火時，戰神阿瑞斯也前來為赫丘利斯助戰。他的戰車在山上飛

許德拉是希臘神話中Echinda和Typhon所生的九頭蛇，身軀碩大無比，性情十分兇殘，生有九個腦袋，其中八個頭可以殺死，而第九個頭，即中間直立的一個卻是殺不死的。大力神赫丘利斯在伊俄拉俄斯的幫助下，成功將其剷除。

馳，他的寶鏡照得巨人睜不開眼睛，赫丘利斯趁機搭起神箭，射中了巨人的喉嚨。巨人嚎叫著，痛苦地滾下了山崖。

赫丘利斯還曾經制服並殺死過一隻猛獅，那時他經過一片森林，看到猛獸在睡覺，剛吃飽的肚皮漲得鼓鼓的，爪子上還滴著鮮血。赫丘利斯心想，不知道什麼人又慘死在了獅口。為了剷除這個禍害，他向熟睡的猛獅射箭，被驚動的獅子猛然竄起，一躍撲來，赫丘利斯拿起手中的木棒，雨點般地朝獅子劈頭蓋臉打下去。直至打累了，赫丘利斯才住手，定睛一看，可惡的獅子已經沒有了氣息。

許德拉是一個九頭蛇怪，要制服很難，因為牠的頭被砍掉就會立刻長出來。跟隨赫丘利斯去制服九頭蛇怪的是他的侄子伊俄拉俄斯，他手持火把，點燃了周圍的樹枝，熊熊烈火撲面而來，燒死了許德拉新長出的蛇頭，赫丘利斯趁機砍下中間的那顆蛇頭，並把許德拉的身子砍成兩段，泡在酒中，用蛇毒來浸泡羽箭。從此，他的箭毒無人可解。

馴服牝鹿的過程並不難，難得是赫丘利斯要追上牝鹿。命運女神告訴他：「你要不停地追，直到追上為止，你就算完成任務。」

牝鹿畢竟是接受了神明的暗示，赫丘利斯整整跑了一年，才追上牝鹿，帶著牠回到了家鄉邁肯尼。

厄律曼托斯山上有一頭野豬，在厄律曼托斯一帶殘害百姓，糟蹋莊稼。赫丘利斯去一朋友家做客，因為一點事情與當地人發

生爭執，並動手打了起來。在打鬥的過程中，他帶毒的箭誤傷了朋友，朋友臨死的時候，把赫丘利斯叫到身邊告訴他：「我的生命已經到了盡頭，我死後把我埋在家鄉的山崗上，讓我的亡靈終日在家鄉的天空飄蕩。」埋葬了朋友，赫丘利斯帶著滿腔的痛苦，找到了惡貫滿盈的野豬，來發洩自己的憤恨與悲傷。他把野豬追得無路可逃，用盡全身力氣將其打死。

此後，他又去清掃奧革阿斯的牛棚，因為他很努力，把牛棚打掃得非常乾淨。奧革阿斯很滿意，在赫丘利斯要離開的時候，把牛群的十分之一送給了這個勤快的年輕人。

赫丘利斯曾為斯廷法羅斯湖驅趕過怪鳥，馴服過克里特島上的公牛，制服過狄俄墨得斯的牝馬，征服過亞馬遜人，最後他牽回了巨人革律翁的牛群。

本來赫丘利斯的降生就是帶著神諭的，他出色地完成了很多艱巨的任務。這時朱庇特看到時機已成熟，便把他招到天上，正式升格為神。

STORY 052

# 飛得太高會被燒化翅膀

## 雕塑家的悲劇人生

TIPS

古羅馬神話歷史久遠，它是處在生產力發展水準低下時期的遠古人類藉助想像征服自然力的產物。由此，古代羅馬神話必然包括神的起源和人與神之間的關係和衝突的故事，即英雄和傳說兩個方面。其中，神的故事更明顯地反映了古代人類把強大的自然現象形象化的豐富想像力。

在古老的羅馬神話故事中，有眾多活靈活現的人物，他們或是布衣百姓，或是王公貴族，他們用自己鮮活的性格演繹著充滿戲劇的人生。

在一個叫賽普勒斯的王國，有這樣一位國王，他的名字叫皮格馬利翁。這是一個酷愛雕塑的國王，他不像其他的國王一樣，喜歡追求漂亮的女子、喜歡騎馬狩獵，他對外面所發生的很多事情都不感興趣。相反，他唯獨喜歡待在自己的王宮裡，看著自己的雕塑作品發呆。

最近，他雕刻了一位美麗的女子，他為這位女子傾入了所有的心血，為她雕刻了像浪花一般翻捲的長髮，太陽一般明亮的臉龐，還為她雕刻了月亮一般溫柔的雙眼，他給這個女子起了個很好聽的名字，叫格里狄亞，意思是溫順的綿羊。他每天對這個女子傾訴著心中所有想說的話，他幻想有一天，這個女子也可以眨一下眼睛，微笑著聆聽他的話語。這樣的日子過了很久，他對女子簡直著了迷，不問國事，也不問家事。

後來，愛神維納斯知道了這件事，她便告訴國王：「尊敬的皮格馬利翁，你大概是愛上了這位美麗的姑娘，可是她畢竟是一個沒有生命的雕塑。你要把她帶到遠方的厄斯塔困山上，讓她接受風雨的洗禮，採集日月的光華，讓大地賦予她動人的靈秀，

她才可以轉化成真人，像你想像的那樣，真正的陪伴在你的身邊。」

皮格馬利翁相信了維納斯的話，便起身背著雕像趕往遙遠的斯塔困山。

翻山涉水，走了很遠的路，他終於到達山頂。在這個遠離國土的地方，他為了完成自己的心願，安心的住了下來。春種夏播、寒來暑往，轉眼幾年過去了，皮格馬利翁已經忘記了自己是一個國王，忘記了自己的子民。他每天都期待著女子能為他眨一下眼睛。在這個山清水秀的地方，他深深地相信，在不久的將來，自己的願望就可以實現。

在古希臘神話中，皮格馬利翁把全部的精力、全部的熱情、全部的愛戀都賦予了這座雕像。他像對待自己的妻子那樣撫愛她，裝扮她，並向神乞求讓她成為自己的妻子。愛神維納斯被他打動，賜予雕像生命，並讓他們結為夫妻。「皮格馬利翁效應」也因此成為一個人只要對藝術物件有著執著的追求精神，便會發生藝術感應的代名詞。

這個沉溺於幻想的國王被路過的天神朱庇特發現了，他心中十分焦急，皮格馬利翁畢竟是一國之君，怎麼可以居住在這裡？應該讓他回到自己的家鄉，肩負起自己的責任。

有一天，他做了一個很奇怪的夢，夢見自己的勇士飛馬來到了床前告訴他：「尊敬的

國王陛下，這幾年我們的國家遭受了不計其數的災難，我們剛要成熟的莊稼被大風颳走；我們剛出生的嬰兒被野獸吞食；許多外人來到我們國家，霸佔我們的良田，搶走我們的牛群，讓我們無家可歸，讓我們到處乞討。我們從前的生活是那麼的無憂無慮，那麼的富足，可是看看現在，我們已經衣不遮體、食不果腹了！我們可憐的兄弟姐妹很多都絕望的離開了這個世界，到處是被掩埋的屍骨，到處是嗚咽與抽泣。」

國王看看眼前的這個人，既熟悉又陌生，他好像來自很遠的地方，好像自己也曾在那裡生活過，但是又想不起來了。他對勇士說：「年輕人，你說的話我不太清楚，你說的那些苦難，我無能為力，我也幫不上你們。如果你願意留下來，我可以教你做雕塑，別的我就不知道該怎麼做了。」

「你這個昏庸的君王！你為了一個沒有生命的雕塑，拋棄了自己的國家，拋棄了日夜思念你的親人，我們的國土在日漸淪喪，而你卻充耳不聞、不管不問，那些無辜的生命正在慢慢消逝，而你卻無動於衷。你對不起祖先，對不起神明，我要一棍子打死你！」

說著，勇士一棍子打了下來，老國王被嚇醒了，他急忙坐起來，思索夢中發生的事情。勇士的話讓他感到從未有過的愧疚，皮格馬利翁站起身，走到那個雕塑旁邊，看著這個沒有生命的女人，想起被自己荒廢的國家，不由得懊悔萬分，流下了傷心的淚水。

STORY **053**

# 與愛子丘比特一起逃命

## 維納斯是位善良的母親

大家都知道，丘比特是維納斯的小兒子，維納斯是美神，丘比特是愛神，在神話傳說中，這兩個人物由於特殊的使命，而深得人們的喜愛。

維納斯非常疼愛兒子丘比特，有一次，母子兩人去參加一個盛大的宴會，這是由全體神仙參加的宴會。宴會上，仙女們個個美麗無比、光彩照人，她們穿著華貴的衣服，舉止優雅、談吐不凡。而男性神祇則端著酒杯，高談闊論，或一飲而盡，或開懷大笑。而頑皮的小天使們早就已經按捺不住，玩起捉迷藏來了。看到兒子興高采烈地跑來跑去，維納斯立刻交代他說：「小丘比特，你不要亂跑，媽媽找不到你會很著急的。」

**維納斯和丘比特是西方繪畫的傳統題材，只是在不同時代、不同思潮影響下，不同的畫家所描繪的形象有著自己的個性特徵。文藝復興以來，維納斯已被畫家請進臥室，像貴夫人一樣躺在華麗的閨房床榻上，面對著現實的世界和人生。**

丘比特點了點頭，乖乖地聽從了媽媽的話。

TIPS

維納斯和丘比特在海中變成魚，躲過了怪物的追蹤，並以尾巴相連，永不分離的姿勢升天，成為了雙魚座。

宴會漸入高潮，眾神都被這愉快的氣氛所陶醉。突然，門外闖進來一個不速之客，牠是一個龐大的怪物，外表猙獰，露著可怕的牙齒，眼睛凶光四射。只見牠旁若無人地走到宴會中間，一把掀翻了桌子，將酒菜撒了一地。牠那恐怖的聲音在大廳上空迴蕩，震得屋子都快要倒塌了。眾神都被這突如其來的怪物嚇壞了，紛紛逃離躲藏。

但是維納斯卻顧不上躲藏，因為她要尋找自己的兒子。她此時最擔心的就是丘比特被怪獸擄走，於是冒著生命危險開始在大廳裡四處尋找。她一邊躲避怪物的魔爪，一邊小心地呼喚著孩子的名字。越找不到兒子，維納斯的心越是忐忑不安。到了最後，她忘記了怪獸的存在，開始瘋狂地尋找丘比特。大廳裡，桌椅橫七豎八地扔的到處都是，地上一片狼籍，簡直無路可走。

終於在衣櫥後面，維納斯找到了蜷縮成一團瑟瑟發抖的丘比

**斜倚海獸的維納斯和丘比特。**

特。她把孩子一把攬在懷中，緊抱著不放。當她看到孩子沒有被傷著時，緊張的情緒才慢慢安定下來。這時那個怪物依然在大廳中瘋狂地發洩著，母子二人悄悄地從被掀翻的桌子底下溜了出去。

出了大廳，維納斯便帶著孩子拼命地向遠處跑去。這時，怪物發現了她們的蹤跡，便追趕了上來。

逃到了幼發拉底河邊，維納斯發現沒有了去路，前邊是波浪滔天的大河，後邊是追趕自己的怪獸，自己沒有考慮的時間，也沒有選擇的餘地，只能逃進水中，才可以甩掉怪獸的追趕。可是幼發拉底河波濤洶湧，裡面有很多水怪出沒，萬一失散了怎麼辦？怎麼才能保證孩子安全呢？維納斯果斷地撕下了裙子上的一塊布，繫在丘比特的腳踝上。

「媽媽，妳這是要做什麼？」

「別問了，孩子，沒有時間了，我們現在就將腳踝拴在一起，立刻潛入水底。雖然水裡的情況我一無所知，但是我不能讓你再離開我。」

就這樣，潛入水底的維納斯母子像兩條拴在一起的魚，無論走到哪裡都形影不離了。

STORY 054

# 與神比賽的結局

## 變成蜘蛛不停地編織

TIPS

羅馬神話中，無論是神祇還是神化的人（英雄），都具有人的情感。雖然羅馬神話主要是歌頌英雄的事蹟，但也揭露和批判了人性的醜惡。

阿拉克涅是一個染匠的女兒，從小向父親學得一手刺繡的手藝。在她居住的城邦，無論男女老幼，都知道阿拉克涅有一手出色的刺繡絕技，她繡的鬱金香嬌豔欲滴，她繡的金絲雀呼之欲出，她繡的小提琴彷彿聽得見美妙的聲音。每當她刺繡的時候，泉水都停下了腳步，來觀看她靈巧地飛針走線。山林中的仙女也慕名而來，稱讚阿拉克涅說：「聰明的姑娘，妳的手藝簡直可以和仙女媲美了，是誰教會妳這靈巧的手藝？是智慧女神密涅瓦嗎？她可是天上最會刺繡的神祇。」

「才不是呢，」阿拉克涅認為自己天生就心靈手巧，她說：「我不知道她是誰，你們說她繡得好，我可以和她比試一下，看誰技藝高超。」

時間一長，有人就把阿拉克涅的話傳到了女神密涅瓦的耳邊，她聽了十分生氣，覺得這個小女孩太狂妄了。但密涅瓦無心與阿拉克涅比試手藝，她想也許是小女孩一時的糊塗，不如勸勸她打消這個不自量力的念頭。於是就化身為一個老婆婆，來到阿拉克涅的身邊問道：「姑娘，雖然妳的刺繡技藝很好，但妳為什麼要與神祇比試呢？要知道智慧女神密涅瓦是織布技術的保護者，她的紡織技能無人能比。妳要是喜歡競賽，就和妳的人類同胞去比試，卻千萬不要和女神爭高低。」

「妳是哪裡來的老太婆，在這裡多嘴多舌，我才不怕什麼女神呢？讓她來吧，如果輸了，我情願受罰。」阿拉克涅聽不進密涅瓦的勸阻，她覺得這世上沒有人可以超過自己。

沒有辦法，老太婆現出了真身，可是阿拉克涅自恃有很好的手藝，還是沒有退讓的意思，於是她們便在河邊開始了刺繡比賽。阿拉克涅的名字在羅馬語中是蜘蛛的意思，她盲目的自信驅使著自己一步一步走向命運既定的牢籠。

女神密涅瓦很快就在織布上繡出了諸神的模樣：海神尼普頓在經過大海時，海面立刻變得風平浪靜；風神一揮手，天空立刻烏雲密佈，雷電交加；太陽神普照大地，大地上萬物復甦，春暖

**世界名畫《紡織女》後景壁毯上所表現的圖像，就是以技藝女神密涅瓦與擅長紡織的少女阿拉克涅比賽織布的神話故事為題材的。戴頭盔的是技藝女神密涅瓦，站在她對面的少女便是阿拉克涅。**

花開。密涅瓦繡這些東西，是為了告誡阿拉克涅，人是不可以與神競爭的，神是世上的主宰，人類根本無法與之相提並論。

可是阿拉克涅——這個敢與神祇作對的姑娘繡的是什麼呢？她所繡的全都是揭露神仙最無恥的內容：密涅瓦如何用欺騙的手段殺害了美杜莎；朱庇特如何欺騙達那厄和她的父親，把她們變成了牛身人面……她繡的故事活靈活現，栩栩如生，刺繡中滿含著對神仙的不滿和輕視，這讓密涅瓦感到萬分恥辱。

惱羞成怒的女神把阿拉克涅的織機掀翻，把織品撕爛。姑娘遭受了這突如其來的侮辱，轉身就去上吊，可是密涅瓦也畢竟是一個心地善良的女神，她不忍心看到心靈手巧的阿拉克涅被生生吊死，於是她一揮手，阿拉克涅便懸在了半空中。可是密涅瓦想到阿拉克涅繡的那些織品，卻又是不能容忍的，她決心對阿拉克涅懲罰一下。密涅瓦伸出手，朝阿拉克涅的額頭拍了一下，很快，阿拉克涅滿頭的長髮就脫落了，牙齒也掉落在地，眼窩深深陷了下去。她的頭在一點一點地變小，身子同時也在慢慢萎縮，最後，變成了蜘蛛，在網上艱難地爬行。

「妳不是最喜歡織繡嗎？我讓妳永遠織下去。」說完，密涅瓦便離開了。

STORY 055

# 天后放出毒蠍子

## 俄里翁被迫變成獵戶座

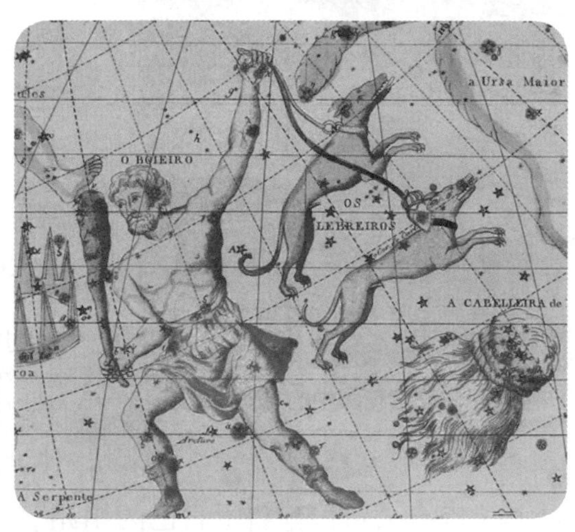


把世上所有的讚美和誇獎都送給他也不過分，這就是海神尼普頓的兒子俄里翁。尼普頓的許多孩子都生得稀奇古怪，有的人身馬面，有的人面魚身，唯獨俄里翁生得英俊無比，勇敢聰明。可他並不喜歡生活在海中，而是時常來到山野間，攀岩和捕獵。他勇敢的身影穿梭在山林之間，追逐狩獵，成為很多女人愛慕追求的對象。

在打獵的時候，俄里翁總是帶著一條名叫西立烏斯的獵犬，打獵時牠總是衝在最前面，遇到猛獸也總是擋在俄里翁身前。

一天，俄里翁打獵時遇到了一位美女，這位美女被他精湛的射獵技藝所迷惑，深深地愛上了俄里翁，而俄里翁特很喜歡這個姑娘。他們在山林中時而追逐嬉鬧，時而靜守獵物。俄里翁教給她很多狩獵的技巧，美女也給俄里翁講了很多天上的故事。時間長了，俄里翁才知道她是天上的月亮女神，是眾神之王朱庇特的女兒狄安娜。

TIPS

獵戶座是一個本領高強的獵人，有三顆星是獵人的腰帶，腰帶的北邊有兩顆很亮的星，是獵人的肩，還有一顆稍暗的星，是獵人的頭。南邊也有兩顆很亮的星，是獵人的兩隻腳。他右手拿著木棒，左手拿著盾牌。獵戶座被人們稱為「冬夜星空之王」。大犬座是獵人最忠誠的獵犬西立烏斯。

法國楓丹白露宮花園中的狄安娜噴泉。

兩人郎才女貌，門當戶對，算來也是一門很相配的親事。他們私訂終身後，狄安娜便返回天上，找到了弟弟福波斯，請求他答應自己嫁給俄里翁。可是卻遭到了弟弟的斷然拒絕，他對姐姐說：「妳怎麼可以有這種想法呢？在這世上，無論是誰都不可以玷污妳的純潔和美麗。」在弟弟眼中，姐姐是純潔無瑕的月亮女神，是聖潔不可侵犯的，在這世上，沒有人可以配得上自己的姐姐。

福波斯從狄安娜的口中得知俄里翁是海神尼普頓的兒子，從小就熟悉水性，經常在海面上暢遊。他經過一番精密的盤算以後，對姐姐說：「姐姐，難得今天這麼好的天氣，我好久都沒有出過門了，不如我們今天飛下天界去巡視一番，看看大地上生存的萬物，也好舒展一下心情。」

狄安娜也覺得很煩悶，就答應了弟弟。

在一番收拾打扮之後，姐弟二人便飛出了天庭。

他們飛過高山峽谷，飛過草原森林，來到一片浩瀚的水面上。這是俄里翁經常遊玩的地方，福波斯果然在不遠處就看見水

面上有一個身影，在水中像魚一樣的游來游去，可是姐姐卻沒有發現俄里翁，她又怎能知道弟弟心中的小算盤呢？這時福波斯覺得時機差不多了，就對狄安娜說：「姐姐，水面上有一條魚在游，妳不是向俄里翁學了很多狩獵的技術嗎？快搭起妳的弓箭，我想看看妳的本領。」

狄安娜十分想念俄里翁，她太熟悉愛人的身影了，當即就明白了弟弟的用意。她憤怒地說：「你真是個狠毒的人，竟然想讓我親手殺死俄里翁，你哪有一點做弟弟的樣子？」

說完，狄安娜怒不可遏地轉身離去。

計謀失敗了，福波斯並沒有死心，他找到了天后朱諾，向其講述了事情的經過。朱諾聽完他的講述，覺得福波斯說得有理，一個海神的兒子，憑什麼要娶眾神之王的女兒呢？在她眼中，尼普頓是個粗魯、傲慢的神祇，他的兒子怎能配得上純潔無瑕的月神呢？

想到這，她給了福波斯一隻毒蠍子，告訴他說：「這是一隻有劇毒的蠍子，你趁俄里翁熟睡的時候把牠放進他的鞋子中。他醒來穿上鞋，蠍子就會把劇毒通過他的腳心注入全身，最後中毒而死。」

就這樣，俄里翁被暗害了。可憐的狄安娜終日以淚洗面，茶飯不進。她的父親朱庇特看到女兒這副模樣，感到非常難過，就把死去的俄里翁提升到天庭。因為俄里翁生前是一個出色的獵手，朱庇特把他命名為獵戶座。

STORY **056**

# 克里特島迷宮

## 特修斯成為雅典王

TIPS

1900年，英國考古學家亞瑟·伊文思和他率領的考古隊來到了地中海的克里特島，他們想找出傳說中有關迷宮的歷史古跡。經過三年的艱苦發掘，他們終於在克里特島的克諾薩斯發現了彌諾斯王宮的遺址和大量文物，找到了迷宮。由於地下迷宮的挖掘，人們發現了西元前十五世紀曾有過的燦爛文明，這一文明被後人譽為「克里特文化」。

特修斯當上了雅典國王，可是他並不像其他的王子那樣，從小在王宮中長大，最後順理成章地當上國王。相反，為了能夠讓特修斯順利地長大成人，他的父親埃勾斯甚至把他偷偷藏了起來。

埃勾斯是雅典的國王，有一個兄弟叫帕拉丁，他有五十個孩子，他們漸漸長大成人，對埃勾斯的王位構成了很大威脅。而埃勾斯膝下又沒有孩子，這件事讓他一直很不安。

一天，埃勾斯找到了自己的朋友庇透斯，向他說出了自己的心事。儘管埃勾斯早已有了妻室，但是庇透斯仍決定把女兒埃特拉悄悄地嫁給他。埃勾斯成親不久，就離開了埃特拉。臨走時，他對埃特拉說：「我要回故鄉了，在我們的兒子出生以後，你要細心照料，把他撫養成人。當他成人以後，你把這兩樣東西交給他，這是我們相識的信物。在這期間，你不要向任何人透露孩子的身世，以免招來危險。」

說完這些話，埃勾斯拿出了準備好的寶劍和草鞋，交給了妻子埃特拉，便離開了。

埃勾斯走後，埃特拉生下了一個兒子，她為兒子取名叫特修斯。他在母親和外公的撫養下慢慢長大，成為了一個出色的青

年。

特修斯從沒有見過自己的父親，這一天母親把他叫到身邊說：「孩子，你已經長大了，已經成為了一名勇士，我有兩樣東西交給你，這是你父親臨走時留給你的。你的父親是雅典的國王，為了不讓你遭到殺害，他才讓你偷偷地寄居在此地。現在你長大了，可以為你的父親助一臂之力了，勇敢地回去吧，親愛的孩子。」

**特修斯找到了父親留下的信物。**

埃特拉把寶劍和草鞋給了特修斯，讓他去雅典尋找自己的父親。

這時的雅典城一片淒涼，民不聊生，混亂的街頭上到處是乞討的人。他的父親被妖女美狄亞勾引，整日尋歡作樂，不問朝政。特修斯見到父親時，埃勾斯根本不認識他，並且還受了美狄亞的蠱惑，要他喝下毒酒。特修斯是來幫助父親治理國家的，他

**特修斯殺死牛頭怪。**

對美狄亞不屑一顧，他把寶劍和草鞋交給了埃勾斯，讓這個昏庸的國王相信，自己就是他的親生兒子。

見到了信物，埃勾斯才大夢初醒。成為了王子的特修斯並沒有忘記自己的責任，他知道這個國家的不幸是起源於克里特島。由於克里特島上的王子在雅典被殺害，為了懲罰雅典人，彌諾斯國王要求雅典人每年向他們進貢七對童男童女，做為牛頭人身怪物的食物。說起來這是一件很丟人的事情，這個怪物是王后與一頭公牛所生。國王為了遮醜，令人建造了一座規模龐大，結構複雜的迷宮，讓那頭人身怪物藏在裡面。

現在又到了第三次進貢的時間。童男童女面臨著可怕而又殘

酷的命運。他們的父母埋怨埃勾斯是災禍的禍根，說他讓一個私生子繼承了王位，卻對別人家的孩子漠不關心，任人宰殺。埋怨聲傳到特修斯的耳中，使他十分心痛。他趁大家集合的時候，毅然站起來，宣佈自己願意去。埃勾斯聽說後，急忙奔過去，再三要求他改變主意，可是特修斯態度堅決，意志堅定，他安慰他的父親，並保證一定能夠制服怪物。

剛到了克里特島，愛情女神就發揮了神奇的作用，讓島上的公主對特修斯一見鍾情。愛情的力量可以藐視一切，公主決定幫助特修斯和那些孩子逃離這個謎一樣的克里特島。她交給特修斯一團絨線告訴他說：「你把絨線的一頭拴在入口處，殺死那個怪物後，再順著絨線走出迷宮，就可以離開這個鬼地方了。」

在公主的幫助下，特修斯殺死了怪物，帶著那些孩子駕著大船回到了雅典。

STORY 057

# 一次大智大勇的海上之行

## 尤利西斯從獨眼巨人的洞中逃生

TIPS

尤利西斯是羅馬神話傳說中的人物，他是伊塔卡島之王，曾參加特洛伊戰爭。出征前曾面見特洛伊國王普里阿摩斯，以求和平解決因帕里斯劫奪海倫而引起的爭端，但未果。聯軍圍攻特洛伊十年期間，尤利西斯英勇善戰，屢建奇功。

在結束了長達十年的特洛伊戰爭之後，尤利西斯駕船開始了返鄉的征程。

這時的尤利西斯和他的夥伴們已經被戰爭折磨得筋疲力盡，他們在大海上漂泊了一個月之久，沒有了食物和飲水。在一個叫做西西里的小島上，他們決定停下來上岸。把船靠在岸邊以後，尤利西斯和他的十二個夥伴就下了船陸續上岸了。這看上去像是一個荒島，林子中傳來各種奇怪的聲音，尤利西斯和他的夥伴們

**尤利西斯的歷險。**

有些惶恐不安。他們邊走邊環顧四周，貓著腰心神不定地往裡面走，想找點什麼可以充饑的食物，哪怕是動物的屍體也好。

前面有一個山洞，他們摸索著進了山洞。洞中的一切讓他們大吃一驚，裡面有成堆的乳酪、水罐，雪白的綿羊和山羊擠在角落中，桶裡盛滿了鮮奶。他們不知道此處住著什麼樣的人，反正天快黑了，就決定留下來等山洞的主人回來。

很快，洞外傳來了腳步聲。一個巨大的怪物走了進來，只見他腦袋中間長著一隻眼睛，肩上扛著一大捆的木柴，走起路來發出震耳的聲響。他把木柴扔在一邊，搬來一塊巨石堵在洞口，然後重重地坐了下來。這時他發現了尤利西斯和他的夥伴，於是問道：「你們是從哪裡來的？是強盜還是做生意的？」

尤利西斯回答說：「我們是剛從特洛伊戰場上回來的人，十年的戰爭使我們失去了親人和家園，我們在海上已經漂泊一個月了。敬畏的眾神之王朱庇特，請保佑我們這些無家可歸的人吧！」

巨人突然大笑起來：「外鄉人，你在和誰說話呢？我是庫克

羅普斯人，從來不敬畏什麼神祇。說吧，你們的船隻藏在什麼地方，告訴我，我會保護你們的。」

「我們的船撞在了礁石上，被碰得粉碎，只有我們幾個人死裡逃生。」尤利西斯的回答有些戒備。

剛說完，巨人突然發火了，他一把抓起尤利西斯的兩個夥伴，把他們扔在牆壁上，頓時被摔得腦漿迸裂，鮮血直流。緊接著，獨眼巨人就把這兩具屍體撕開吃掉了。在吃飽喝足以後，巨人就滿足地睡著了。

尤利西斯和其他的夥伴們立刻商量逃走的辦法。到了第二天，趁巨人吃飯的時候，尤利西斯解開了裝酒的皮囊，走到巨人面前說：「庫克羅普斯人，喝酒吃肉是最美不過的事情了，我特意將美酒獻給你。」

巨人接過酒一飲而盡，頓時品味到了酒的濃香與甘冽。他對尤利西斯說：「外鄉人，我叫波呂斐摩斯，我們庫克羅普斯人也有美酒，感謝你給我美酒，請告訴我你的名字，你走時我會送你禮物的。」

「我的名字叫無人，你就叫我無人吧。」

巨人喝了很多酒，很快就昏昏睡去。尤利西斯和他的夥伴們拿出了早就準備好的尖頭木棍，朝巨人的獨眼狠命地扎了下去。巨人被這突如其來的疼痛扎醒，猛然跳起來，他拼命地大叫：「庫克羅普斯的兄弟們，快來救我，無人殺我！」

「既然無人殺你，那你還叫什麼呢？我們可不管閒事。」從洞口經過的庫克羅普斯人說笑著走遠了。

痛苦萬分的波呂斐摩斯仍然瘋狂地叫喊著，他摸索著走向洞口，搬開了巨石，跑到了外面。尤利西斯與夥伴們趁機逃了出去，他們乘船走了很遠，尤利西斯才朝著那個小島大聲喊道：「波呂斐摩斯，如果有人問你眼睛是怎麼瞎的，我告訴你一個正確的答案吧！你就說是一個叫尤利西斯給戳瞎的，不要再鬧笑話說是無人了。你從不敬畏萬能的神祇，這就是神祇對你的懲罰。」

尤利西斯和其他的夥伴們又高興地坐在了一起，他們喝酒吃肉，第二天，太陽高高的升起，他們架起桅杆，往故鄉的方向駛去。

STORY 058

# 大英雄的自娛自樂

## 赫丘利斯創建奧林匹克運動

TIPS

羅馬初期的宗教後來被增加了許多有時甚至彼此矛盾的新內容，尤其是吸收了希臘神話的很多部分。今天我們對羅馬神話的知識不是來自當時的記載，而是來自於後來一些試圖將那些古老的傳統保留下來的學者的描述。比如生活在前一世紀的瑪爾庫斯．提倫提烏斯．瓦羅。一些其他的羅馬作家，比如奧維德在寫作時受到希臘的影響非常深，他們經常引用希臘神話來填補羅馬神話中的空缺。

說起創建奧林匹克運動，這與赫丘利斯生來天資聰穎、爭強好勝的性格有著密切的關係。本來赫丘利斯出生時就帶有神祕色彩，朱庇特原本打算在他出生後讓他當邁錫尼國王來掌管這個國家。由於朱諾的嫉妒，便陰差陽錯地把赫丘利斯的出生時間安排在了歐律斯透斯之後。

這位帶著神諭出生的孩子一降生就光芒四射，他的父親也看出兒子與生俱來的天賦，就找來許多優秀的人教兒子學本領，除

英雄赫丘利斯處在命運的十字路口。

了文化課以外，還教給他駕馭戰車、騎馬射箭、野外捕獵等。當他長到十八歲時，已經是一個身強力壯又集百般才能於一身的男子漢了。

赫丘利斯用他那一身的本領為百姓鏟惡除魔，這位大英雄幾乎沒有失敗過，所以越戰越勇，每次在勝利之後，他總是召集宴會來慶祝一下。後來，地母蓋亞發動了一次對奧林匹斯眾神戰鬥，她唆使自己那一群面目猙獰的孩子討伐朱庇特。在結束戰鬥後，赫丘利斯和所有參加戰鬥的神祇一樣被榮幸地封為奧林匹斯人。

真正讓赫丘利斯創建奧林匹克運動的是他在特洛伊城的戰鬥。他對最好的夥伴忒拉蒙說：「我曾經從巨龍口中救出拉俄墨冬的女兒，他當年許諾給我一匹英俊的戰馬，但後來不承認了。我想去懲罰他，讓他知道我的厲害。」

忒拉蒙說：「我願意幫助你，一起去懲罰拉俄墨冬。」

赫丘利斯當然非常高興，他請求父親朱庇特賜給忒拉蒙一隻神鷹和一個像神鷹一樣勇猛的兒子。

有備而來的赫丘利斯和他的戰士很快就圍攻了特洛伊城，在往城裡衝鋒的時候，發生了一件有趣的事：大家都一心想攻破特洛伊城，活捉國王，衝鋒陷陣的忒拉蒙一不小心跑在最前面，這讓一貫以大英雄自居的赫丘利斯覺得有點傷自尊。他正想把忒拉蒙拉到身後的時候，就聽見忒拉蒙說：「勝利以後，我們要在這裡建一座聖壇，讓大家都來崇拜你！」

**古代奧運會的賽跑選手。**

感動萬分的赫丘利斯拋棄了自己自私的想法，立刻帶領眾人投入了戰鬥。他百發百中的箭術此刻發揮了巨大的作用，國王拉俄墨冬和他的幾個兒子全部都死在了他的箭下。戰鬥結束的時候，只剩下拉俄墨冬的女兒赫西俄涅還活著，赫丘利斯曾經從巨龍口中救過她的命，決定網開一面，於是對她說：「姑娘，我不會讓妳失去所有的親人。妳從這些俘虜中找一個人，讓他和妳作伴，我不會殺害他。」

「我失去了所有的親人，只有哥哥波達耳克斯還活著，他是

我唯一的親人了。」

一貫以勝利姿態自居的赫丘利斯心想，波達耳克斯畢竟是拉俄墨冬的兒子，不能讓他就這麼輕易地活下去。想罷，就對赫西俄涅說：「這樣吧，我可以不殺他，但妳要用重金贖回他的命。在這之前，他要當一段時間的奴僕。我還要給他起一個新的名字，叫魯里阿墨斯，意思就是被買來的人。」

赫丘利斯是這樣打算的，即便是讓波達耳克斯活命，也要讓這個被俘虜的王子帶著恥辱的標誌。而這個標誌同時還證明，在所有的戰爭中，只有赫丘利斯才是當之無愧的勝者。

當戰鬥結束後，為了慶祝一下，赫丘利斯選擇在風景秀麗的奧林匹斯山下舉辦宴會。在慶祝大會上，他們安排了戰車、角鬥、箭術等比賽項目。這項運動其一是用來歡慶戰鬥的勝利，其二是鍛鍊戰士們的戰鬥力。有趣的是，運動會也引起了朱庇特的興趣，他變做凡人來參加比試，可是連連輸給赫丘利斯。但是他卻由衷地高興，暗暗祝福這位了不起的大英雄。

STORY 059

# 準備好逃命的船隻

## 丟卡利翁和皮拉讓人類再次誕生

TIPS

藉助於神祇的庇佑，在極短的時間裡，丟卡利翁拋出去的石頭變成了男人，而皮拉拋出去的石頭變成了女人。

這是一個關於人類的起源與進化的神話故事。人類的起源並不是我們想像的那麼簡單，而是經歷了一次又一次的毀滅與再生，最終才成就我們這一代人類。

神祇創造的人類經過黃金時代、白銀時代、青銅時代、英雄時代和黑鐵時代，在青銅時代的時候，人間充滿了殺戮和瘟疫。這是因為萬神之王朱庇特並沒有賦予他們高貴的智慧，從而使他們的生活混亂無度。朱庇特瞭解到了下界的情況，便打算親自考察一下。

在阿耳卡狄亞王國的宮廷中，他看到了令人失望的一幕：國王呂卡翁殘暴成性，他十分傲慢地對待這個外來人。為了震懾一下這個昏君，朱庇特當即表明了自己的身分，可是呂卡翁國王對他依然不屑一顧，並且還殺了一個人質，用來招待朱庇特，他認為眼前的這個人不過是個騙子罷了。他的行為惹怒了朱庇特，朱庇特把他變成了一隻長著粗糙的毛皮、嗜血成性的野狼。

不能留這一代人在大地上生活了，朱庇特回到天庭之後便考慮用什麼辦法來毀滅人類：「用火？不行，會燒壞地球；還是發動洪水吧！」朱庇特的二哥尼普頓是掌管四海水域的海神，俗話說打架親兄弟，為了表示對朱庇特的支持，尼普頓也來助一臂之力。他用三叉戟劃開了高山，使洪水一瀉千里，地上的人類拼命

地四散逃竄，可是逃到哪裡呢？到處是洪水，到處是漂浮的屍體，這是神祇對人類的懲罰，沒人可以逃離這場災難。

丟卡利翁和妻子創造了新的人類。

不過凡事都有例外，這就是普羅米修士的兒子丟卡利翁，他提前從父親的口中得到了這個消息，便造了一條大船來躲避這場災難。當洪水到來的時候，他和妻子皮拉已經駕船逃生了。

一場毀滅性的災難過後，洪水慢慢退去了，大地上顯露出高山、平原、峽谷。這時的大地像死一般的寂靜，沒有了生機，一片狼籍，恐怖與孤獨向丟卡利翁和皮拉頻頻招手，他們感覺就像走進墓穴一樣惶恐與不安。

悲涼與孤單一陣陣襲來，丟卡利翁流下了悲傷的眼淚，他對妻子說：「親愛的，你看這大地上只剩下我們兩個人了，我們

怎麼才能生存下去呢？如果我們有父親那樣的法力，能夠創造人類，讓他們重新行走在大地上，該有多好啊。」

「那我們就來共同祈禱吧，請求神祇告訴我們如何創造新的人類，讓這個世界重新煥發生機。」妻子十分贊同丈夫的意見。

他們兩人來到了一座被沖毀的聖壇下，開始向大地女神懇求禱告。

「我已經看到了你們的災難，也看到了你們對神明的敬畏與虔誠，我已經給予了你們創造新人類和新生命的權力。矇上你們的雙眼，把身邊的石頭往背後扔過去，就會有奇蹟出現。」冥冥中，有一個聲音指點說。

丟卡利翁和妻子遵照神明的旨意，矇上了眼睛，抓起身邊的石頭，向遠處扔去，被扔出去的石頭奇蹟般地變成了人的模樣，並且不斷長大。朱庇特汲取了以前失敗的經驗，既沒有單純賦予人類美好的品德，也沒有直接賦予他們殘暴的性情，而是讓他們互相制約，更趨於理想化的人類。

STORY **060**

# 做好事反受連累

## 金羊毛成為好運的象徵

歷來關於爭奪王位的故事，總是充滿了殘酷的殺戮，並且總是發生在骨肉至親之間。這不免讓很多君王在登上王位之後，都無法擺脱親人的亡靈，生怕有一天，這些屈死的鬼魂討上門來，讓自己死於非命。

珀利阿斯就是這樣一個人，他在愛俄爾卡斯殺害了哥哥埃宋，篡奪了王位。埃宋的兒子伊阿宋則逃到了半人半馬的肯陶洛斯族人那裡投奔了喀戎，喀戎瞭解了這個孩子的身世，便有意訓練他成為一個英雄。

當上了國王的珀利阿斯此時心裡並不輕鬆，他被一個神諭折磨著，因為神諭提醒他小心一個穿一只鞋的人，這讓他每日坐臥不安。

伊阿宋在喀戎的撫養下漸漸長大成人，他從喀戎的口中知道了自己的身世，便帶上兩支長矛，動身返鄉，準備向叔叔珀利阿斯討回王權。

他在返鄉的途中，在一條大河邊遇到了一個老太婆。這個老太婆向他求助說：「孩子，我想渡過河去對面，卻沒有船隻，你幫幫我好嗎？」

「就讓我背著你過河吧！」善良的伊阿宋爽快地答應了老婆

**TIPS**

伊阿宋拿著金羊毛返回後，他的叔叔並沒有履行承諾。他在美狄亞的幫忙下，決定要珀利阿斯血債血償。美狄亞來到宮中，當著珀利阿斯女兒們的面，把一隻老公羊切成小塊，放在鍋中煮沸，接著加入魔藥把它變成幼羔羊。美狄亞向她們承諾也能把她們的父親恢復青春。她們信以為真，於是美狄亞把珀利阿斯剁成肉塊並煮沸，她當然不會加入有效的魔藥，而珀利阿斯也沒有復生。

婆的請求。

這老婆婆就是天后朱諾，她故意變化成凡人的模樣，來實現那道神諭。

在背老婆婆過河的時候，年輕力壯的伊阿宋卻感到非常吃力。他的鞋被深深地陷在淤泥中，無論怎樣用力都無濟於事。而他又不能停在河中央，無奈只得扔掉一隻鞋子，光著一隻腳背著老婆婆淌過了大河。

將老婆婆放在地上，伊阿宋一只腳光著，另一隻腳穿著鞋繼續趕路了。

他走進愛俄爾卡斯城的時候，城中正在舉行規模盛大的祭祀活動，他的叔叔珀利阿斯正在虔誠地祭獻海神尼普頓。這時突然來了一個外鄉人，伊阿宋必然引起了廣大百姓和國王的注意。當國王看到這個外鄉人只穿一只鞋的時候，可怕的神諭浮上了腦海。為了消除滿腹的疑雲，他走到伊阿宋的面前問道：「年輕人，你是從哪裡來的？我們這個國家，到處是一片安樂祥和，無論你是投親還是路過，我都會願意幫助你的。」

問話的時候，珀利阿斯的內心並不輕鬆，他的詢問代表著他急於想知道眼前這個只穿一只鞋的外鄉人的來歷。如果不能打消這個顧慮，恐怕他做什麼事情都不會輕鬆的。

伊阿宋並不知道是鞋子暴露了自己的身分，對於珀利阿斯的詢問，他非常坦然地回答說：「我是埃宋的兒子，一直住在喀戎

的山洞中。我現在長大了，我思念我的故鄉，想看看我父親曾經生活過的地方。」

喀戎以和善和智慧著稱，他是眾多英雄的導師，弟子包括特修斯、阿基里斯、赫丘利斯和伊阿宋等人。

珀利阿斯此時知道了這就是神諭中那個穿一只鞋的人，既然神諭已經事先告知了，那麼這個人就不是隨意可以傷害的人。但是他並不知道這個陌生人接下來想要做什麼，既然伊阿宋不說，自己就不便多問。

過了一段時間，彼此都熟悉了之後，伊阿宋找到了叔叔，真誠地對他說：「國王，我是這個王國真正的繼承人，這一點你不否認吧？現在你所擁有的一切都是屬於我的，但我無意爭奪你的財富，無論是大片的土地還是成群的牛羊，我都留給你。我只要回我父親的權杖和王位，你總可以答應吧？」

看到沒有生命危險，珀利阿斯心中的石頭總算落了地。但他絕不甘心讓出王位，於是想出了一個借刀殺人之計。珀利阿斯對伊阿宋說：「我答應你的要求，可是你要幫我一個忙。在遙遠的科爾喀斯王國的山林中，有象徵好運的金羊毛，你要殺死守護它的巨龍，將象徵著無尚榮譽的金羊毛帶回來，你才可以得到權杖和王位。」

年輕氣盛的伊阿宋並沒有識破叔叔的詭計，他答應了珀利阿斯的要求，並組織了一群英雄踏上了尋找金羊毛的征程。

STORY 061

# 特洛伊得到雙重保護

## 太陽神和海神聯合築起城牆

TIPS

特洛伊城遺址是土耳其古城，位於恰納萊南部，北臨達達尼爾海峽，座落在平緩的城堡山腳下。這裡山巒青翠，流水潺潺，柑桔樹和橄欖樹滿山遍野，紅瓦白牆的農舍點綴其間，是土耳其愛琴海地區典型的農村風光。

一座城池的建立，總會有許多精彩的故事。特別是在最初的那些年裡，拼殺搶奪總是常有的事情。在古羅馬神話中，特洛伊可算得上是一個著名的城市了，因為它的建立不僅有人類的功勞，更有神祇的庇護，這使得特洛伊在日後的許多年裡都難以攻破。

在密西埃海灣，有一個國王叫透克洛斯。這一天，一個年輕人來到了他的國家，至於這個年輕人為什麼要離開家鄉流浪至此，他的生命中有著怎樣的隱痛與憂傷，在這裡就不多提了。

老國王熱情地接待他，不僅把女兒許配給他，而且還給他一塊地，後來他就在這塊土地上生存繁衍了下來。特洛斯是老國王的兒子，在透克洛斯去世以後就繼承了王位，而特洛斯統治的地區叫特羅阿斯，都城則叫特洛伊。現在它還並不是真正意義上的特洛伊城，但是以後特洛伊城的建立和他有著密不可分的關係。

過了很多年，特洛斯也離開了人世，他的兒子伊羅斯接管了王權。

有一年，伊羅斯去鄰國夫利基阿走訪，並參加一次有意思的

角鬥比賽，從而贏了五十個童男和童女，更為重要的是國王還給他一頭母牛，告訴他說：「這是一道神諭，你牽著這頭牛回家鄉，在路上，如果母牛停下來休息，那麼你可以在母牛休息的地方建立一座城堡。」

伊羅斯滿心歡喜地帶著戰利品回家鄉去了。

走了很久，母牛停下腳步來休息，而牠停下的地方就是特洛伊城。他記得離開夫利基阿的時候，國王曾經告訴他可以在此地建一座城堡。於是伊羅斯就在附近的山上建立了一座城池，緊接著，他又祈求神祇的兆示，看看神祇對他的這一行為有什麼樣的意見。

這時天上降下了一尊神像，這尊神像是朱庇特的女兒帕拉丁，這個意思很明顯，就是要告訴伊羅斯，他的城堡受到了天神以及以天神女兒的雙重保護。

建城牆的任務交給了伊羅斯的兒子拉俄墨冬，這個人既蠻橫又殘暴，欺上瞞下，無惡不作。開始圍城造牆時，朱庇特知道此時福波斯和尼普頓都在人間，便派這兩位神祇去幫忙。

**海神尼普頓夫婦。**

就這樣，福波斯和尼普頓在神意的指引下來到了特洛伊，他們找到了拉俄墨冬，對他說：「尊敬

的王子，你建造城牆需要工匠吧，我們願意給你幹活，我們不怕苦，不怕累，而且只要很低的報酬。」

拉俄墨冬此時正為沒有工匠發愁呢，這兩個人的到來，正幫了他的大忙，當場就答應了。

從此，這兩位神祇就開始了為伊羅斯的特洛伊城打工的日子。他們幹活都非常賣力，尼普頓把城牆建的寬大平整，異常堅固；福波斯則認真地給國王放牧，一絲不苟。

一年以後，堅固的城牆建好了，他們去找拉俄墨冬討要工錢，卻遭到了拉俄墨冬的威脅：「說什麼？你們是來要工錢的嗎？我可不欠你們什麼工錢。立即離開這裡，滾到你們該去的地方吧！」拉俄墨冬冷冰冰地說。

「你這不講信用的東西，神明一定會懲罰你的。」福波斯和尼普頓氣憤地詛咒道。

「快滾，離開這裡，否則我捆住你們，並割下你們的耳朵。」拉俄墨冬依然蠻橫地催趕他們。

兩個神祇無奈，出來以後，發誓要詛咒這座城市，懲罰拉俄墨冬。

特洛伊城的建立離不開神祇的庇護，這是一座堅不可摧的城堡，可是由於拉俄墨冬的蠻橫，他受到了神祇的詛咒，在日後的很多年裡，都戰爭不斷。

STORY **062**

# 誤入密林深處

## 莽撞少年變麋鹿

如果你在美麗的基太隆山上看見一隻奔跑的麋鹿，如果你看見牠哀憐的眼神，請不要驚嚇牠，用溫暖的手掌撫摸牠一下，給牠摘幾片樹葉吧！因為牠曾經是一個英俊的少年，他的名字叫阿克特翁。

阿克特翁年幼時跟著半人半馬的喀絨學習打獵的技巧，很小就是個打獵的能手。在風景秀麗的基太隆山區，你隨時可以看見他矯健的身影：在密林中穿梭，在溪澗裡盥洗，在草坡上小憩，在餘暉下歸來。

這是個無風的好日子，夥伴們邀請阿克特翁去打獵，可是阿克特翁心情卻很煩悶。他對夥伴們說：「我剛剛做了一個夢，夢見我在山上被荊棘絆住了腳，怎麼都扯不斷，最後我拿斧子用力地砍，卻砍斷了我的腳。我再也不能像以前那樣隨意地奔跑了，在濃密的林子中，也沒有任何人聽得見我的呼喚。一直到天黑了，我累得睡著了，睡了很長時間，後來我聽見有人來醒了叫我，我才知道是做了個夢。」

「嘿嘿，阿克特翁，是我們把你叫醒的，別想夢中的事情了，跟我們一起去打獵吧！你看這天氣多好，一定會大大收穫。」夥伴們一心想著去打獵，就竭力勸阿克特翁忘記夢中發生的不愉快。

TIPS

阿克特翁神話中阿裡斯塔俄斯和奧托諾耶的兒子；他是維奧蒂亞的英雄和獵人。根據奧維德的《變形記》記載，他在基太隆山上偶然看到女神狄安娜（掌管野生動物、生長發育和分娩的女神）在沐浴，女神因而把他變成了一隻鹿，被他自己的五十隻獵狗追逐並撕成碎塊。阿克特翁在普拉泰亞和奧爾霍梅努斯受到崇拜，有幾位古代悲劇詩人曾把該故事搬上舞臺，如埃斯摩羅斯已佚的《女射手》。

「也好，反正在家也是沒什麼事情，去打獵也好。」阿克特翁說著就去收拾打獵用的工具和武器。

時間過得很快，轉眼到了中午，阿克特翁和夥伴們說：「我有些累，想找個地方睡一覺，大家各自休息吧。」大家聽了也就四散開去。

阿克特翁一個人帶著心愛的獵狗朝林子深處走去，想找一個平整的地方來睡覺。

這個林子裡有一位狩獵女神，名字叫狄安娜，她為自己修建了一塊聖地，有泉水、有草坪，她狩獵回來後經常在此地洗澡沐浴。這時，阿克特翁正慢悠悠地往前走，忽然耳邊傳來一陣撩撥泉水的聲音，偶爾還有女人的竊竊私語，他覺得很好奇。自己在這座山上打獵這麼多年了，這山上的一草一木沒有不熟悉的，怎麼不知道裡面住著人呢？阿克特翁滿心的疑惑，就順著聲音走了過去。

漂亮的狩獵女神正在湖水中沐浴，她把衣服脫在岸邊，讓一群女僕給看管著。這說話的聲音正是這些人發出來的。

阿克特翁怎麼也沒有想到自己無意中闖進了狩獵女神的領地，而且更可惡的是他看見了女神在洗澡。眼前的一幕讓阿克特翁有些魂不守舍，他不知道這是神女，只認為這是凡間的姑娘，就站在那裡怔怔地看著。

狄安娜當然不願意自己洗澡被人家看見，她憤怒地朝阿克特

狩獵女神將無意冒犯的阿克特翁變成了麋鹿。

翁大叫道：「哪裡來的野小子，你看什麼呢 ？我會挖了你的眼珠子去餵我的獵狗。你的魯莽犯下了大錯，我要懲罰你！」她邊說邊穿上衣服，從湖邊向阿克特翁衝過來。

阿克特翁此刻才有些醒悟，他害怕這個女人會傷了自己，便轉身拔腿就跑。他一時間慌不擇路，跑過淺溪，翻過岩石，不管荊棘劃破了衣服，不管石子割破了腳趾。

慢慢地，他覺得自己越跑越快，好像那些荊棘在腳下根本攔不住他，那些溝壑似乎變得狹窄，讓他一躍而過。他的雙耳虎虎生風，他的雙腿如虎添翼。其實哪裡是雙腿，他變成了四條腿，他的身上長出了斑斑點點的毛皮，跨過小溪的時候，他看見了自己的模樣，發現自己已經變成了一頭麋鹿，一頭奔跑的麋鹿。他哭不出來，喊不出來，他唯一能發洩悲哀的就是拼命地奔跑，在這無邊的基太隆山林中。

STORY **063**

# 三人行誰比我美

## 帕里斯的金蘋果之約

TIPS

帕里斯，與神有著「金蘋果之約」的風流男子，可以得到世上最美的女人。因為他的出現，祭司認定他會給特洛伊帶來毀滅式的命運，便被放逐到伊達山放牧多年。後來，為了向斯巴達討還自己的姑母赫西俄涅，帕里斯奉父命來到了斯巴達本土。在那裡他遇到了海倫，兩個人迅速相愛，並且毫不猶豫地進行了一次名垂千古的私奔，同時拉開了特洛伊戰爭的序幕。

大難不死，就必有後福，帕里斯就是這樣一個幸運的人物。當年他媽媽生下他的時候，就做了一個奇怪的夢，夢見他變成了火炬，燃燒了整個特洛伊城。這夢真是不可思議，夢醒後他母親就把夢境告訴了他的父親。父親覺得這不是個好兆頭，就把帕里斯扔進了深山。當然，這個孩子並沒有餵野獸，反被當初扔他的那個僕人抱了回家，僕人給孩子起名字叫帕里斯。這樣，小帕里斯就在這個好心僕人的餵養下慢慢長大了，成為一個英俊瀟灑的年輕人。

一天，天后朱諾、智慧女神密涅瓦和美神維納斯在談論誰是最漂亮的女神時，發生了爭執。她們都認為自己是最漂亮的，其實她們都有各自的優點，到底是誰最漂亮，沒有最終的結果。於是她們就找到了朱庇特，請眾神之王給個說法。朱庇特說：「這樣吧，你們下到凡界，有一個叫帕里斯的年輕人，讓他來評判你們當中誰最漂亮。」

三女神聽了，就喜孜孜地走了，在她們眼中，對付一個凡間的毛頭小子，還是有把握的。再加上每個人都有很高超的法力，讓帕里斯說自己漂亮，不是個難事。

這樣想著，三人就一同來到凡間，在一個山坡上見到了正在狩獵的帕里斯，並把她們的來意告訴了這個年輕人。當然了，一

個凡人是不能分辨得出誰最漂亮，再說帕里斯早就被這三個仙女的美貌驚得有些發呆了。

這時候，朱諾走到了帕里斯跟前對他說：「你看，我手中有一顆金蘋果，上面寫著送給最美的人。當然，這蘋果最後給誰，誰就是最美的人了。如果你把它送給我呢，我可以讓你成為最富有的人，還可以讓你統治這世上最富有的國家，讓你過上你嚮往的生活。」

**帕里斯的裁決。**

智慧女神密涅瓦也對帕里斯說：「年輕人，我是天上的智慧女神，如果你決定把金蘋果判給我的話，我會讓你成為這世上最聰明、最富有智慧的人。要知道聰明和智慧才是一個人真正的財富，你難道就不想擁有嗎？」

美神維納斯當然也不會讓步，她對帕里斯說：「小夥子，你已經長大了，肯定希望會有美麗的姑娘愛上你。我是愛與美之神，我會為你送去最美好的愛情，你的妻子將會是這天下最美麗的女子！」

這時的帕里斯也許很渴望得到一份完美的愛情和一位漂亮的妻子，就把蘋果給了維納斯。天后朱諾和智慧女神密涅瓦見自己落選了，便憤憤而去。

後來，維納斯認真履行了自己的承諾，她讓漂亮的海倫成了帕里斯的妻子，並且讓海倫和他廝守終生，她告訴海倫說：「你不可以離開他，否則你的生命將無法保障。」

不僅如此，維納斯還在特洛伊戰爭中從戰場上救回了命懸一線的帕里斯，這一切都是為了那個美麗的金蘋果之約。

STORY 064

# 從來婚外情都沒有好下場

## 特洛伊戰爭的導火線

有人類的地方就有慾望，而有慾望就會引發戰爭，戰爭或許是因為誘人的王位，或許是因為豐富的寶藏，而漂亮的女人有時也是引發戰爭的導火線。

特洛伊，這在神祇庇護下建造的城堡固若金湯，所發生的第一場持久而又殘酷的戰爭便是由一個漂亮的女人而引起的。這個女人是人間最美的女子，她的名字叫海倫。

海倫是朱庇特和勒達的女兒，說起來也是個風流的種子。這個姑娘十歲時就被特修斯劫持，後來是兩個哥哥把她從特修斯手中奪了回來。從那以後在繼父斯巴達國王廷達瑞俄斯的宮廷裡長大，長大以後的海倫出落得楚楚動人，她的美貌引來了眾多的求婚者。而前來求婚的都是才貌雙全、出類拔萃的男子。最後姑娘選了斯巴達國王墨捏拉俄斯，這是一個比較木訥的小夥子。

能娶到如此美貌的妻子，墨捏拉俄斯自然是疼愛有加，什麼事情都依著她，不知道墨捏拉俄斯的軟弱是不是為他以後的命運埋下了禍根，娶了這位美女也很難說是福是禍。

嫁給了墨捏拉俄斯，夫妻的感情很好，在丈夫外出期間，宮裡的一切都由海倫來主持。時間長了，也不免有些孤單與乏味。

她聽說有一位來自特洛伊的王子將率領強大的戰船來錫西拉

TIPS

特洛伊戰爭是以爭奪世上最漂亮的女人海倫為起因，引發了以阿伽門農和阿基里斯為首的斯巴達軍團進攻以帕里斯及赫克托爾為首的特洛伊城的十年攻城戰。

島，也是為了看個熱鬧，海倫便動身去了錫西拉島。在這裡，她見到了讓她改變命運的王子帕里斯。那時帕里斯恰好剛剛做完祭神儀式，站起身來，立刻被眼前這位姑娘的美貌驚呆了。他的手停在了半空中，他又想起了愛神維納斯曾經告訴他，在路上會遇到一位絕世的美女，並把她帶回家。

難道就是眼前的這位女子嗎？被愛神之箭射中的帕里斯現在滿腦子都是美麗的海倫，他根本記不起來此行的目的以及父親的囑託。

海倫也打量著這個遠道而來的王子，他那炯炯有神的目光，迷人的笑容，彷彿是從天而降的幸運之神。回到了宮中，海倫再也抹不去帕里斯那俊朗的身影，如何還能再見到他，這讓海倫心神不定。

**特洛伊王子帕里斯用琴聲向美女海倫示愛。**

很快，帕里斯就帶著船隊來到了斯巴達，來拜見美麗的王后海倫。

日夜思念的人就在眼前，海倫用最熱情的方式接待了帕里斯。舉行完招待宴會，帕里斯在海倫的花園中為她彈琴。曲罷，帕里斯對海倫說：「我從來沒見過妳這麼美麗的女子，妳明亮的眼睛賽過天上最亮的星星，妳的聲音美過最美妙的琴聲。到我的故鄉去吧，我要讓所有的人知道，我的妻子是世界上最美麗、最善良的女人。」

帕里斯熱情的表白觸動了海倫的芳心，但是她還是有些忐忑不安，她對帕里斯說：「我畢竟是一個王后，如果就這樣和你走了，他們會怎麼看我呢？一個王后跟一個外鄉人私奔，總該做一些掩飾的。」

誘拐海倫。

這句話暴露了海倫風流的本性，也為自己的國家帶來了災難。

帕里斯帶領他的士兵，衝進宮中，把裡面所有的寶物洗劫一空，然後放火燒毀了宮殿，便帶著海倫回到了自己的船上，便揚帆返航了。航行了一段時間，帕里斯停在了一個小島上，與輕薄風流的海倫在島上舉行了婚禮。他們有從斯巴達搶劫來的寶物，在島上過了幾年幸福的日子，然後回到家鄉特洛伊 。

在返航的途中，他們的船像被釘子釘住了一樣前進不得，這時一個聲音在上空響起：「你們要回到家鄉特洛伊，而仇恨的斯巴達人將會在你們身後追趕而來，拆散你們無恥的結合，準備戰鬥吧，這將會是一場持久的戰爭，激烈而殘酷。」

神明的話在他們的上空迴蕩，預示著一場由婚外情引發的特洛伊戰爭即將爆發。

STORY **065**

# 為弟弟搶回妻子

## 阿伽門農挑起戰火

幾乎所有的斯巴達人都確信他們美麗的王后是被帕里斯那個可惡的傢伙劫持走的，臨走時還放火燒毀了宮殿。很快，老實的國王墨捏拉俄斯就從外地歸來了，他聽到這個不幸的消息以後，更是焦急萬分。

他不知道自己年輕美貌的妻子在壞人手中會遭到怎樣的迫害，於是他找到了哥哥阿伽門農，把自己心中的痛苦告訴了哥

**阿伽門農的黃金面具。**

TIPS

阿伽門農（意為「堅定不移」），阿特柔斯之子，斯巴達王墨捏拉俄斯的哥哥，擅長使用長矛和標槍，足智多謀。投毒、暗殺、綁架，對他來說都是拿手好戲，他在沒有必勝把握時，從來不肯正面與人交鋒，從而避免了危險的決鬥。

哥，他說：「哥哥，在我離開家的時候，那個可惡的帕里斯劫走了我的妻子，並燒毀了我的宮殿，眼看海倫落入了虎口，我又怎麼忍心袖手旁觀，不去搭救呢？可是僅憑我一己之力，難免有些勢單力薄。」

聽了墨捏拉俄斯的敍述，阿伽門農也很替弟弟難過，他對墨捏拉俄斯說：「你不要太難過，我們想辦法搭救海倫。我記得當初各國王子來求親的時候，曾經許諾過無論海倫最終嫁給誰，他們都願意聯合起來保護海倫終生的安全，不讓她遭受磨難與迫害，現在我們可以去求助他們。」

阿伽門農一心想替弟弟洗清恥辱，幫他救回被劫持的海倫。於是，他們兄弟二人便分頭聯繫了各國的王子，要求他們加入戰鬥，共同拯救苦難的海倫。他們的請求得到了那些王子們的回應，其中有特勒泊勒墨斯，他對阿伽門農表示說：「我很願意參加這場戰鬥，拯救被劫持的王后海倫，並且我還帶領我裝備完善的九十艘戰船，進行大力協助。」

不僅王子們都積極出力幫助阿伽門農，就連朱庇特的兩個兒子也來參加戰鬥，因為被劫持的海倫是他們的親妹妹。可是他們在半路上遇到了不測，落入水中，兄弟倆被父親朱庇特召回到天上，做了兩顆星星，從此他們就成為了水手的保護神。

並不是所有的國王都願意奮不顧身地去協助阿伽門農，有的人就不願意拋妻捨子，不願意離開家鄉去參加征戰。尤利西斯就很不情願，但他不願意直接得罪阿伽門農，便裝成了瘋子。當阿

伽門農前來拜訪的時候，他就瘋瘋癲癲地去田地幹活了。而好鬥的阿伽門農根本不相信尤利西斯是真的瘋了，就想了個辦法試探這個國王，他對隨從說：「你去把他的兒子抱來，放到驢拉的耕犁上，看看他是什麼反應。」

隨從就把孩子放到了耕犁上，這時就看見尤利西斯停了下來，小心地把孩子抱出來，放到了一邊，由此阿伽門農斷定，尤利西斯是在裝瘋賣傻。他對尤利西斯說：「你為什麼要這樣做？難道你忘記當初的承諾了嗎？難道你就忍心看海倫被壞人擄走嗎？大家都在出力幫忙，你退縮的行為會讓大家看不起你的。」

尤利西斯想了想，認為阿伽門農說的話很有道理，如果就這樣不去參加戰鬥，大家會覺得自己因為失信而看不起我，如果以後遇到了什麼麻煩，誰還來幫助我呢？無奈之下，他無法再拒絕阿伽門農的請求，但是他做事就是小心謹慎，於是對阿伽門農說：「這樣好了，我在伊塔刻有八條大船，就送給你們聽候調遣吧。」隨後，阿伽門農又四處聯絡，召集了許多著名的射手和騎手，還有各國著名的大英雄。他把這些人都召集到奧里斯港，做為集會的地點，然後宣布，自己是這場戰鬥的聯軍統帥。

當所有的工作都有條不紊地準備完畢後，這支討伐大軍就要開拔向遠方的城堡特洛伊出發了。

STORY 066

# 解鈴還須繫鈴人

## 狩獵女神祭壇上救走伊菲革涅亞

TIPS

阿基里斯是海洋女神忒提斯和凡人英雄珀琉斯所生。他是參加特洛伊戰爭的唯一一個半人半神。他出生後被母親握住腳踵倒浸在冥河水中，除了未沾到冥河水的腳踵外，周身刀槍不入。

這是一個精心策劃的騙局，阿伽門農給甘迺迪的妻子捎信說，讓女兒到他的軍營中來，因為她要為女兒舉辦婚事，新郎就是英雄阿基里斯，是一個很優秀的青年。

原來，將要討伐特洛伊的戰船已經整裝待發，這時卻出差錯了，阿伽門農的妄言得罪了狩獵女神，女神施展法術讓戰船無法離開港口。無奈之下他們去求神諭，得到的回答是，要阿伽門農把女兒獻祭給狩獵女神阿爾忒斯，那樣船隊才會順風起航，神祇們也就不再難為他們了。

可是這讓阿伽門農如何接受呢？這道神諭太殘酷，為了平息狩獵女神的怒火，要殺死自己的女兒去獻祭神明，阿伽門農絕望到了極點。他想起了自己可愛的家鄉以及那個活潑可愛的寶貝女兒，不由得心如刀絞。弟弟墨捏拉俄斯對他說：「哥哥，你不該這樣。你得到了夢寐以求的統帥地位，如果兒女情長，又怎能做一番事業呢？」

「都怪你這個沒有用的東西，非要娶一個如此漂亮的妻子，又沒有本事看好她，現在害得大家都為你犧牲，你還好意思說！」難過的阿伽門農此時說話也不顧兄弟的臉面了。

這時阿伽門農的妻子和女兒伊菲革涅亞進來了，其實阿伽門

農哪是給女兒準備婚事啊，就是騙女兒來做祭品的。墨捏拉俄斯看到不知情的嫂子帶著孩子來了，心中一陣難過，他對哥哥說：「算了吧，不能為了營救海倫而犧牲伊菲革涅亞，她太無辜，如果可以平息狩獵女神的怒火，我願意放棄我的王位來交換伊菲革涅亞。」

「別再多說了，我知道你也不捨得孩子，但是沒辦法，這是神的旨意，我也不敢違抗。也許以後會有更大的麻煩，我們也只能聽從神諭了。」阿伽門農很無奈、很悲傷地對弟弟說。

阿伽門農的妻子正想看看未來的女婿，這時阿基里斯來到了帳前，她趕緊上前去和阿基里斯說話：「孩子，你家是在哪裡？父母知道你要結婚嗎？」

阿基里斯被弄得一頭霧水，他不解地說：「我？要結婚？不，不，我一點也不知道。」

這時的王后更是一臉的疑惑，她甚至有些下不了台。當她知道事情的原委後，就立刻找到了阿伽門農。阿伽門農並不知道妻子已經知道了祕密，還在佯裝說準備婚禮的事宜。王后憤怒地說：「住口，你這個混蛋，巧言設計把我們騙來，就是要把女兒當祭品嗎？我與你結婚的這些年，事事都依著你，當初你殺害了我的丈夫，強搶了我，我的父親要殺了你，是我替你求情，你才活到今天。如今，你為了一個不忠的女人，竟然要殺害我們的孩子，你還有一點良心嗎？」

這時女兒也哭著跪到了父親前面：「父親，你難道忘記了

阿伽門農的黃金面具。

嗎？我是怎樣在你的雙膝上長大的，為什麼他們去戰鬥非要我去送死呢？」

所有人都同情這個可憐的姑娘，但是阿伽門農主意已定，不可動搖。姑娘已沒有了眼淚，她心中做好了將死的準備。這時阿基里斯突然大喊：「姑娘，妳不該死在這場可惡的戰爭中，請妳記住，我會帶著武器趕往祭壇，拼盡一切力量來保護妳。」

當祭祀開始的時候，姑娘躺在祭壇上，當寶劍即將落下的時候，姑娘突然消失了，代替的是一隻梅花鹿。這時全軍將士都驚異地瞪大了眼睛，隨即歡呼起來，他們認為這就是神的旨意，是女神不捨得讓姑娘伊菲革涅亞做無辜的犧牲品，已經原諒了他們。現在他們完全可以整裝待發，拋棄一切的雜念，義無反顧的去討伐特洛伊了。

STORY **067**

# 戰爭呼喚英雄，還是英雄渴望戰爭

## 特洛伊瀰漫戰火終將散盡

雖然戰爭有時是為了擺脫折磨擺脫壓迫，是為了和平而戰，但是沒人會喜歡戰爭。

一場殘酷的戰爭下來，最不堪入目的就是不計其數的傷亡，到處瀰漫著硝煙，兄弟的鮮血乾涸在他鄉，骨骸暴屍在疆場。每當見到這些戰爭的犧牲品，就是生者最痛苦也是最悲傷的時刻。

與特洛伊人的戰鬥並不是想像中的那麼簡單，沒有比戰爭更折磨人的精神和意志的了，長久的戰爭使敵我雙方都筋疲力盡，戰爭給他們帶來了惶恐，給國家帶來了災難。所有的人都已經無心再戰，更何況這場戰爭僅僅是由一個女人引起的，這讓特洛伊人覺得有些得不償失。他們對帕爾斯以及眾多前來助戰的朋友說：「我們的行為已經觸犯了神明，現在已經看到了殘酷的戰爭正一步步逼來，如果事情就這樣發展下去，那麼對於我們的國家以及百姓又有什麼好處呢？不如把海倫和那些搶劫而來的財寶全都歸還給他們，以此來換得我們原本和平的生活。」

「你們這些懦夫，一場戰爭就把你們嚇倒了嗎？」特洛伊城的王子是不甘心屈服的，他對眾人說：「除了海倫，我什麼都可以歸還給他們，做為對他們的補償，我甚至還可以再多給他們一些財寶。如果你們同意，明天就派使者去講和。」

TIPS

阿伽門農家族中的人歷來就人為地製造災難，自相殘殺。這要追溯到他的曾祖坦塔羅斯。他的祖先不顧犯下罪孽濫用暴力，因而一部分人攫取了權力和榮耀，而另一部分人則陷於毀滅。

**阿伽門農與阿基里斯等眾多希臘英雄在一起。**

帕里斯的父親老國王普里阿摩斯站起身來對大家說：「尊敬的朋友們，為了這場戰爭，我們已經損失了很多兄弟，我不知道事情發展下去還會有什麼可怕的後果。明天一早，我就派人到斯巴達人的船上去，與他們商量一下，看看可不可以休戰。如果他們不答應，再繼續迎接戰鬥。現在很晚了，大家吃點飯，早點休息吧。」

人們懷著忐忑不安的心情在戰場上又度過了一個不眠的夜晚。

第二天，伊特俄斯便做為和平的使者去找了阿伽門農，對他說明特洛伊人的意思，斯巴達人都沉默了，看來戰爭使他們更加

渴望和平。這時狄俄墨得斯開口說話了：「親愛的朋友們，就算是奪回了財寶奪回了海倫，那麼比起我們死傷無數的弟兄，我們又算什麼贏家呢？再說特洛伊人已經向我們妥協了，不如就此休戰吧。」

阿伽門農也接著說：「狄俄墨得斯所說的話也代表了我們全體希臘人的意見，你告訴帕里斯，為我們雙方死亡的戰士掩埋骨骸吧！」

第二天，陽光照耀下的大地看上去不再陰霾，微風也驅散了彌漫的硝煙。沒有了嘶喊，沒有了衝殺，在那些緊張的戰鬥中，他們從自己兄弟的身上踏過去的時候，沒有一絲的憂鬱，更來不及多看一眼。現在他們都轉過身，蹲下來，拂去兄弟身上的塵土，擦去血污，為戰死的兄弟合上雙眼。他們抱來了木柴，靜靜地把屍體放到柴堆上焚化，為戰士的亡靈送行。他們忙碌的身影掩蓋不住滾落的熱淚。

晚上的時候，所有人都拿出了美酒，慶祝這難得的安寧與和平。

STORY **068**

# 戰場上空忙壞了眾神

## 天后朱諾不甘寂寞地黑箱操作

TIPS

朱諾與朱庇特同為天空之神克洛諾斯的子女，同時，朱諾又是朱庇特的妻子。「她的威嚴和力量只服從於宇宙自然靈氣」。

特洛伊戰爭，阿伽門農這一方傷亡慘重，眼見大勢已去。阿伽門農已經決定偷偷逃走了，他對大家說：「敵人就在眼前，我們所有的防護都無濟於事，再繼續戰下去只有死路一條，可是如果我們死在特洛伊，不就成了天大的笑話了嗎？連整個民族都會跟著我們受辱。」他看了看大家又接著說：「不如我們趁黑夜把船拖下水，悄悄地撤兵吧。」

奧林匹斯山眾神。

尤利西斯聽了這話感到很不舒服，他對阿伽門農說：「我真不相信你會說出這樣的話來，做為全軍的統帥竟然這麼想，那麼全軍的將士該怎麼看你呢？」

「可是，接下去，我們

又該怎麼辦？我們不能在這個鬼地方等死吧？誰還有更好的主意呢？」阿伽門農沮喪的說。

海神尼普頓一直在關注著這些人的動靜，聽到了他們的對話，他在上空說：「別害怕，你們是勇敢的士兵，鼓起你們的勇氣，你們會看到特洛伊人是怎麼落荒而逃的。」

受了海神鼓舞的士兵們精神大振，彷彿看到了勝利就在前方。

天后朱諾更是唯恐天下不亂，她一直都怨恨特洛伊王子對自己的輕視。她看到斯巴達人重新鼓起了戰鬥的勇氣，便想火上澆油。可是當她看見朱庇特的時候，又有些猶豫，畢竟朱庇特保護特洛伊人，而她又怎麼鬥得過自己的丈夫呢？要對付朱庇特，就得想點辦法，她知道女兒有神奇的寶帶，它可以恢復將死的愛情，可以轉移人的注意力。於是就跟女兒說：「孩子，我要到我的養父那裡去，我知道他們許多年來都是吵吵鬧鬧地過日子，也不知道現在好了沒有，我十分的掛念他們，把妳的寶帶拿來給我一用，或許可以幫得上什麼忙。」

「好吧，母親。」女兒爽快的答應了，她又怎麼猜得透母親的鬼把戲呢？

與此同時，她還請來了睡神，他可以讓萬神之王很快進入夢鄉。來到了愛達山頂，朱庇特很關切地問妻子：「你是怎麼來的？要去哪裡呢？」

「我想去大地的盡頭，看望我的父母。」

「親愛的，別去了，與我一起觀看這場戰鬥吧！」

這讓朱諾很失望，看來朱庇特非常關注戰事，寶帶並沒有起到相應的作用。她使眼色讓睡神過來，睡神輕輕地拉下朱庇特的眼皮，這個萬神之王便在愛達山上酣睡起來。

這真是個絕好的機會，朱諾趁此機會派使者跑去給尼普頓傳話說：「特洛伊的保護神已經在愛達山頂呼呼大睡了，沒有人再阻攔斯巴達人勝利的腳步，快拿起手中的武器，投入戰鬥吧！」

尼普頓領會了朱諾的意思，立刻化作一個老戰士，去隊伍中給阿伽門農和他的士兵們鼓勁：「軍士們，我們難道願意就這樣屈辱地回到故鄉嗎？看看那些戰死的兄弟，他們也會在地下嘲笑我們的膽小與懦弱，為了我們神聖的民族榮譽，大家一定要振作起來！」

受了鼓舞的士兵，在海神尼普頓的率領下，浩浩蕩蕩地投入了新的戰鬥。

STORY 069

# 黃金天秤稱出誰勝誰負

## 朱庇特要做出最後決定

特洛伊人和斯巴達人都想藉著休戰的機會好好調整一下，但是朱庇特卻不想讓他們安靜下來，於是想重新挑起戰爭。

第二天，朱庇特在聖山上召開群神會議，用極其嚴厲的口吻說道：「我做出了決定，眾神在戰爭期間各司其職，任何神祇不得在特洛伊人和斯巴達人的戰爭中幫助任何一方。否則的話，下場如同此柱。」於是朱庇特抬起手指向聖殿外一根巨大的石柱，只見石柱瞬間化為灰燼，「地獄的門為你們敞開著，想嚐嚐地獄的滋味，儘管去試一試。」朱庇特繼續說道。

就在此時，特洛伊人和斯巴達人也在各自的營地做著重新戰鬥的準備。朱庇特來到自己的聖壇上，將特洛伊人和斯巴達人的死亡籌碼放在黃金天秤上，準備稱出戰爭的勝負。此時，他看到戰場上的人們已經開始廝殺了，特洛伊人和斯巴達人混戰在一起，但是勝負依然難分。特洛伊人的士兵數目不多，但是他們都明白戰爭一旦失敗，不僅僅意味著族人的滅亡，更糟糕的是自己的家庭也會遭到斯巴達人的洗劫，於是特洛伊人異常勇猛地戰鬥著。

很快，黃金天秤給出了答案：斯巴達人的一端低低的沉在下面，而另一端的特洛伊人則高高的升起。看到這種景象，朱庇特心中已經做出了最後的決定。

TIPS

就在當天晚上，赫克托耳召開大會，在城外大吃大喝，連戰甲和馬具都沒有卸下來，準備隨時上戰場。他們在第二天的戰鬥中取得了更大的勝利，強大的赫克托耳將把斯巴達人一直趕到船尾。希臘人在絕望之際，將重新請出受盡凌辱的阿基里斯，這就是命運女神的安排。

朱庇特立刻向斯巴達的軍隊放出一道帶著恐怖氣息的閃電，以讓斯巴達人明白自己命運的改變。看到這個凶兆的斯巴達人，立刻充滿了沮喪和無奈的心情。所有的將領都沒有了繼續戰鬥下去的勇氣，只有年邁的涅斯托爾仍然在前線戰鬥。帕里斯用箭一下射中了涅斯托爾的戰馬，戰馬疼得立了起來，將涅斯托爾摔倒在地上。剛剛明白局勢改變的涅斯托爾正想逃脫的時候，卻發現自己被韁繩束縛住了。他正要砍斷韁繩，特洛伊人的將領赫克托耳駕著戰車向他衝來。

「該死的！」他叫了聲。這時如果不是狄俄墨得斯及時趕來，他一定會死在赫克托耳的長矛之下。狄俄墨得斯將他抱上自己的戰車，讓他幫助自己駕馬，自己將長矛向赫克托耳投擲過去。幸運的赫克托耳躲過了一劫，長矛射中了禦手厄尼俄潑烏的胸膛。看著自己的好友死去，赫克托耳萬分悲痛，他換了另一個禦手，吼叫著向狄俄墨得斯奔去。

**赫克托耳是特洛伊第一勇士，被稱為「特洛伊的城牆」。最後和阿基里斯決鬥，死在對方手裡。**

朱庇特心中明白，一旦赫克托耳與狄俄墨得斯交戰，一定會命喪黃泉，這樣的話戰爭局面就會扭轉。

如果不出意料，斯巴達人在當天就可以攻下特洛伊城，這顯然是朱庇特不願意看到的，於是他在狄俄墨得斯的戰車附近灑下一道道銀光閃電，涅斯托爾看到這種情況，告訴狄俄墨得斯：「不要再戰下去了，萬神之父今天根本就沒有讓你贏的意思，再怎麼戰鬥也是只有失敗的份。」狄俄墨得斯說：「雖然我知道你說的很對，但是赫克托耳會在眾人面前嘲笑我的。」

「你是堤丟斯的兒子，就算赫克托耳在眾人面前說你逃跑了，只會讓特洛伊人認為他是在造謠罷了。」涅斯托爾一邊說著，一邊做掉轉馬頭的動作。狄俄墨得斯覺得他言之有理，就順從了。

赫克托耳見到這種情況，嘲笑他說：「你就是靠著逃跑做斯巴達英雄的嗎？你難道不覺得羞恥嗎？你簡直就是一個懦夫！」按照狄俄墨得斯的性格，本應該回頭和羞辱自己的人決鬥的，但是由於朱庇特頻頻往自己戰車附近施放閃電，所以就只有決定逃走了。

朱諾看到這種情況，於心不忍。於是去求斯巴達的守護神尼普頓來幫助斯巴達人，但是沒有用，因為尼普頓不敢違反弟弟的意願。斯巴達人的將領阿伽門農看到自己的士兵紛紛敗下陣來，心中悲痛，來到了尤利西斯的戰船上，向朱庇特祈禱能給斯巴達人帶來一些轉機。說到此，阿伽門農聲淚俱下。最後，朱庇特給了斯巴達人一些吉兆，讓他們能夠鼓起勇氣繼續戰鬥，但仍然希望特洛伊人勝利。

STORY 070

# 明槍易躲暗箭難防

## 阿基里斯被毒箭射中腳後跟

TIPS

福波斯，意思是「光明」或者「光輝燦爛」。他是光明之神，處世光明磊落，所以也被稱真理之神。他精通箭術，所發出的箭百發百中，從未射失。在特洛伊之戰中，正是福波斯不光彩的一箭射中不敗將軍阿基里斯致命的腳後跟，使這位英雄「出師未捷身先死」。

在戰場上看見自己的兄弟剛剛還生龍活虎，轉眼就變成屍骸，恐怕沒有人不為之瘋狂。阿基里斯在戰場上殺紅了眼，他所向披靡、勢不可擋。

特洛伊人已經被阿基里斯追趕的節節敗退，戰場上特洛伊人屍骨遍地、血流成河，已經明顯處於下風。天上的諸神一直都在密切的關注著這場戰鬥，特洛伊的劣勢讓福波斯萬分焦急，他立刻向珀琉斯勇猛的兒子說：「請你放過特洛伊人吧，再戰下去，你會得罪特洛伊的保護神，會遭到報應的。」

可是阿基里斯並不理會福波斯的提醒，依然揮舞手中的長矛，將滿腔的憤怒都集中在這件武器上，狠狠地刺向一個又一個特洛伊人。他對福波斯說：「你別再廢話了，我的長矛是不長眼睛的，我要為死去的兄弟報仇，誰也阻攔不住，哪怕你是天上的神祇。」

福波斯見阿基里斯依舊在拼殺，他的話基本上沒有起作用，便打算想辦法對付這個瘋狂的人，迫使他停止殺戮。

他知道阿基里斯的身世以及他所有的祕密，阿基里斯在出生之後，曾被母親提著雙腳浸在冥河裡，從那以後，阿基里斯被冥河浸過的肉體便刀槍不入了，但他的腳後跟是致命的軟肋。勸說

不成，福波斯就向阿基里斯的後腳跟射了一箭，這時的阿基里斯感到一陣鑽心的疼痛，全身都沒有了力量。當他發現自己的腳後跟中箭時，便大聲喊道：「你們這些混蛋，不敢與我一對一的拼殺，卻在背後偷偷的放暗箭，有本事的出來，我準叫你們七竅流血，然後把你們撕得粉碎，去餵狗。我的母親曾經告訴我，我必死於福波斯的暗箭下，今天看來，母親的話沒錯，神祇也會做這種見不得人的勾當！」

說著，阿基里斯把箭從腳上拔出來，頓時，一股黑血湧了出來。這是一枝毒箭，福波斯趁阿基里斯痛苦之際，悄悄地把箭拿走了，返回到奧林匹斯聖山接著觀看戰鬥。但是他做的一切都被朱諾看在了眼中，朱諾對福波斯說：「你做事太魯莽，這一箭會要了阿基里斯的命，你難道忘記與珀琉斯的交情了嗎？阿克喀琉斯可是珀琉斯唯一的孩子，你殺害了他的兒子，良心上過得去嗎？」

希臘英雄阿基里斯與艾亞斯。

聽了朱諾的話，福波斯也沉默了。都怪這可惡的戰爭，它使人失去理智，變成一個被憤怒所驅使的奴隸。可是人死不能復生，福波斯鑄成的錯誤已經無法挽回了。

阿基里斯在中箭之後，更加憤怒，更加瘋狂，他使出全身的力量，瘋狂地掃蕩著特洛伊人。他用長矛挑破敵人的大腦，刺向敵人的心臟，戳穿敵人的雙眼，劃破敵人的面頰。他用盡最後一絲力氣，報復這個殘酷的世界，發洩著自己的憤怒、悲傷、疼痛和無奈。

激戰中，阿基里斯發出了一陣雷鳴一般的喊聲：「我即使變作鬼魂，也會討伐你們，讓你們血債血還，我終究不會放過你們的！」

他的聲音震撼著大地，震撼著天空，震撼著所有人的心靈，讓那些敵人覺得他並沒有中箭，從而不敢靠近。

最終，阿基里斯倒下了，像一座巨塔，他的身體慢慢變得僵硬，死不瞑目的雙眼憤怒地看著這個世界。

過了許久，眾人這才慢慢的走近阿基里斯。這個希臘人的英雄，在死後依然被許多的人所敬畏。

STORY **071**

# 死裡逃生

## 帕里斯得到維納斯相助

帕里斯拐走了海倫，導致了十年的特洛伊戰爭。殘酷的戰爭使敵我雙方都死傷無數，帕里斯不忍心看著自己的弟兄再戰死沙場，就對哥哥赫克托耳說：「這樣殘酷的戰鬥打下去也不是辦法，戰爭是因我而起，是我搶奪了他們的財寶，搶奪了海倫，如果可以的話，我願意與海倫的前夫墨捏拉俄斯對陣。我們可以寫下一個條約，勝者為王，敗者為寇。」

一對一的決鬥，也不失為一個好辦法，帕里斯的哥哥聽了也同意，就來到特洛伊人前面，要求大家都住手，然後他朝對面喊話：「那邊的朋友，聽好了，我有話說。這場戰鬥讓我們都已經

特洛伊王子帕里斯和他的哥哥赫克托耳在一起。

TIPS

由於預言，帕里斯出生後被拋到伊得山上，在那裡神女俄諾斯愛上了他。由於「帕里斯的裁判」，維納斯把世界上最美的女子許配給他，於是他拐走海倫，從而引起特洛伊戰爭。帕里斯在臨終的痛苦中請求俄諾斯救援，遭到拒絕。

筋疲力盡，總要有個解決的辦法才行，就讓我們雙方的當事人出來單獨決戰，勝也好，敗也好，就讓上天來做決定吧！」

他的建議也得到了阿伽門農的贊同，戰爭終於有了一個明確的解決辦法，雙方一起拜祭了神祇，請求萬能公正的神明來裁決這場戰鬥。

帕里斯和墨提拉俄斯要單獨對陣了，很多人都來觀看這場與他們命運息息相關的戰鬥 ，就連天上的眾神也來了。神祇的使者來到海倫面前告訴她說：「你的兩位丈夫就要為妳決一死戰了，妳難道不關心嗎？快去看看吧。」

在這場決鬥之前，決鬥雙方做了很嚴肅的獻祭與宣誓。眾人請來帕里斯的父親宣誓盟約，並為他們灑上聖水。這時墨提拉俄斯取出寶劍，割下綿羊額頭上的羊毛，請求萬神之父朱庇特為盟約作證。他口中唸唸有詞地說：「萬能的眾神之王，請公平地主持這場決鬥吧！如果有人違背誓約，就讓他的鮮血像杯中的酒一樣拋灑在大地上。」

一切準備就緒，抽籤決定帕里斯先向墨提拉俄斯投擲長矛。帕里斯的長矛向對方刺去，撞到了墨提拉俄斯堅硬的盾牌上，立刻變成了彎弓。現在該看墨提拉俄斯的了，仇人相見，分外眼紅，他怒目圓睜，向帕里斯發洩了所有的憤怒。他想用手中尖利無比的長矛刺死眼前這個惡棍，這個搶奪別人妻子，搶奪別人財寶，並引發戰爭的混蛋。帶著仇恨的長矛刺穿了帕里斯的盾牌，刺穿了他的衣服。就在帕里斯驚愕之際，墨提拉俄斯抽出自己的

寶劍，用力向帕里斯的頭部砍去，只聽得「碰」的一聲，寶劍竟然斷成了兩截。勝利已經在望了，可是結果卻發生了不可思議的轉折，墨捏拉俄斯扔掉手中的半截寶劍，用帕里斯戰盔上的帶子勒住他的脖子，拚命地往自己陣營裡拉。眼看帕里斯被強悍的墨捏拉俄斯拖得奄奄一息，這時戰盔的帶子又斷了。原來帕里斯一次次命懸一線，都是維納斯在暗中幫助，因為帕里斯曾把那顆象徵著最美女神的蘋果送給了維納斯，在這場生死決戰中，維納斯當然願意助帕里斯一臂之力了。

為了遮擋墨捏拉俄斯復仇的目光，維納斯降下了一片濃霧，趁墨捏拉俄斯無法辨清方向時，把帕里斯帶走了。她朝海倫使了眼色，海倫也趁霧起身離開了。回到宮中，海倫發現帕里斯正在睡覺，表情一片安詳，儼然沒有了剛才廝殺的恐懼與狼狽。

而此時，墨捏拉俄斯還在戰場上尋找帕里斯，大家誰也不知道帕里斯哪裡去了。就這樣，維納斯從死亡的邊緣救回了帕里斯。

STORY **072**

# 虎父無犬子

## 涅俄普托勒摩斯子承父業

TIPS

古羅馬在其生存和發展過程中創建了璀璨多彩的文化，留下了豐富的遺產，神話傳說就是其中之一。古羅馬神話的優美、動人是舉世聞名的，它對歐洲文化影響較深，天上諸星座原來都是希臘人以神話人物和諸神命名的，但目前學術界使用的都是羅馬名。

阿基里斯和母親海洋女神忒提斯在軍營中。

阿基里斯在戰場上被福波斯的暗箭射中，失去了生命。從此，戰場上再沒有了他勇猛殺敵的身影，這件事極大地削弱了希臘將士的勇氣。戰爭一度陷入了僵局，大家都為以後的命運惴惴不安。這時他們找到了預言家來預測今後的命運，預言家對他們說：「要扭轉敗局也不是不可能，但是比較麻煩一些，神諭說，我們要依靠菲克忒忒斯的神箭，而且還要阿基里斯的兒子涅俄普托勒摩斯親自在場才可以戰勝特洛伊人。」

不管是什麼辦法，總要試試才知道行不行，他們得知阿基里斯的兒子從小就在斯庫洛斯島上與外祖父生活，就讓尤利西斯前去尋找。

當尤利西斯踏上小島的時候，遠遠就看見涅俄普托勒摩斯在島上練習射箭。這個孩子，長得太像他的爸爸了，讓人一眼就能認出。尤利西斯走上前去和涅俄普托勒摩斯聊了起來：「你的射

術真好，你是小涅俄普托勒摩斯嗎？」

「是的，我是涅俄普托勒摩斯，你們怎麼知道我的名字？你們是從哪裡來的呢？」涅俄普托勒摩斯很詫異地問來客。

「呵呵，孩子，我是你父親的朋友，你應該知道你的父親參加了特洛伊戰爭，也知道因為戰爭失去了生命。我們多麼希望儘快攻破特洛伊城，為我們死去的戰士報仇，可是戰爭卻陷入了困境。神諭說，我們只有依靠菲克忒忒斯的神箭和阿基里斯的兒子親臨現場，戰爭才會有轉機，才會征服特洛伊。」尤利西斯把來意向涅俄普托勒摩斯和盤托出。

「我願意去參加戰鬥，更何況這是神的旨意。」涅俄普托勒摩斯滿口答應著說：「我這就帶你去見我的外祖父和我的母親，然後就跟你們一起啟程。」

到了外祖父的宮殿，涅俄普托勒摩斯向家人講明客人的來意，卻遭到了母親和外祖父的反對。母親剛聽完涅俄普托勒摩斯的話就泣不成聲，她還沒有從失去丈夫的悲傷中解脫出來，當聽說兒子也要去戰場，就拼命地阻攔說：「我的孩子，你難道也去參加戰爭嗎？那麼多的英雄都不能保全生命，你一個孩子，有什麼經驗？你的父親已經離開了我們，我們母子已是相依為命了，如果你再離開我們，讓我怎麼活下去。」

外祖父也來勸阻，但是沒有奏效，他最後只得對即將遠征的涅俄普托勒摩斯說：「孩子，你從小是跟著我長大的，我知道你的脾氣，你和你的父親太像了，去吧，只是我們不在身邊，

阿基里斯之踵是指致命的弱點、要害。

路上要照顧好自己，要注意安全。」

告別了親人，涅俄普托勒摩斯就跟隨尤利西斯上路了。

在海神尼普頓的保佑下，他們一路順風，很快就來到了目的地。在尤利西斯的軍帳裡，尤利西斯拿出來阿基里斯生前用過的鎧甲和戰盔，涅俄普托勒摩斯穿上特別合身。他隨即出了營房，衝向了戰場。在戰場上，這個小英雄大顯神威，箭無虛發。他的戰友們也增添了勇氣，霎時間，戰場上一片廝殺聲，特洛伊人一個個聞風喪膽落荒而逃。

在戰鬥中，很多人都不知道這位將士是誰，他身上穿著阿基里斯的鎧甲，頭上戴著阿基里斯的戰盔，手裡揮舞著阿基里斯的長矛，長矛所到之處，敵人一個個應聲倒地。大家恍惚間，覺得是他們的英雄阿基里斯又活過來了，甚至覺得阿基里斯根本就沒死，依然和他們在一起戰鬥。

STORY **073**

# 木馬計原來是這樣誕生的

## 智慧女神的禮物摧毀了特洛伊城

特洛伊是座固若金湯的城堡，要攻打它談何容易，強攻不行，不如使一點計謀。

這時尤利西斯想了個辦法，他對大家說：「這個特洛伊看來我們硬攻是不行，不如這樣，我們先打造一個巨大的木馬，對外宣稱這個木馬是送給智慧女神密涅瓦的。我們悄悄地把戰士藏進木馬，然後將其放在特洛伊城外，我們剩下的軍隊就大張旗鼓地撤退，讓特洛伊人認為我們退出了戰爭。與此同時，我們還要故意讓特洛伊人俘虜我們一個戰士，混進敵人內部，散佈一些謠言。」

大家都同意這個辦法，對策商定以後，按著事先考慮好的程序，他們便開始準備了。

城裡的特洛伊人聽到敵人撤退的消息，無比激動，他們紛紛跑出城來，觀看那些曾經戰鬥過的地方。殘酷的戰鬥把大地洗劫一空，戰場上什麼也沒有留下，只是在離城堡不遠的地方，有一個巨大的木馬。他們圍觀著這個木馬，紛紛猜測這是個什麼東西。有人想把木馬拖進城，拉齊奧及時提醒大家說：「大家不要太興奮，斯巴達人本身就詭計多端，不會就這麼輕易地退去，這個木馬也不是個好東西，他們說是送給智慧女神密涅瓦的，但是誰也不知道是真是假，大家還是小心為好。」

TIPS

「當心希臘人造的禮物」這句話來自木馬記，在世界上許多國家流傳著，它提醒人們警惕，防止被敵人的偽裝欺騙。「特洛伊木馬」現在已成了「挖心戰」的同義語，比喻打進敵人心臟的戰術。

**木馬計。**

「別擔心，我們這裡有一個斯巴達的俘虜，問問他就是了。」人群中有人這麼說。

他們便把斯巴達的俘虜拉過來，俘虜叫西農，然後就對西農說：「你是那邊的人，你肯定知道這個木馬的祕密，如果你告訴我們實話，我們就會放了你。」

西農本來就是阿伽門農派來的奸細，當然願意回答特洛伊人的問題了，他說：「我們的人不願意再打下去了，他們真的走了，唯一留下的就是這個木馬。因為他們感謝和敬畏智慧女神密涅瓦，就給女神造了一個巨大的木馬，並且，為了不讓你們特洛伊人把木馬輕易地拖進城，所以他們就故意把木馬造的如此巨大。這是送給女神的禮物，一旦特洛伊人得到的話，就會藉助神的力量，從而戰勝斯巴達人。」

西農的話更讓特洛伊人對這個木馬更感興趣了，紛紛要求把這個木馬拖回自己的城堡。

碰巧這時又發生一點小意外，更加堅定了特洛伊人的決心。從附近海中衝出來兩條巨蛇，牠們徑直爬向拉齊奧和他的兒子，並死死地纏住了他們父子，一直將他們纏死。對木馬的不敬讓拉齊奧父子死於非命，驚魂未定的特洛伊人更加相信木馬的神奇，他們從城堡裡叫來了更多的人，一起將這個龐然大物拖進了自己的城堡。

晚上，為了慶祝勝利，他們舉辦盛大的晚宴，盡情地飲酒、歌舞，釋放著歡快的情緒，宴會一直持續到午夜。他們興奮的大腦被這濃濃的氣氛包圍著，根本不會想到危險此時已經悄悄地襲來。

西農覺得時機已經成熟，便把戰士們悄悄地從木馬裡面放出來。戰士們在夜幕的掩護下，把酩酊大醉的特洛伊戰士一個個殺死，然後放火燒毀了特洛伊城。

# 第四章 羅馬不是一天建起來的

STORY 074

# 福禍相依

## 安喀塞斯因愛失明

TIPS

維納斯生於海中，以美麗著稱，她的希臘名字叫故阿佛洛狄忒，有出水之意。在荷馬時代，她常與時序女神、美惠女神及兒子愛神丘比特相隨。在羅馬，她與當地豐產植物女神維納斯合併，做為豐收和愛情女神。由於她是埃涅阿斯之母，故被視為尤里烏斯皇祖的女始祖。

這是一個神女與凡間男子相愛的故事，這樣的故事總有一段離奇的相遇，而也總有一個淒美的結局。

維納斯，誰都知道她是愛與美的化身，有著動人的容貌、窈窕的身姿，更重要的是，她還風情萬種，不僅和眾神時常傳出緋聞，而且偶爾也和凡人發生一些糾纏不清的感情。

遇到安喀塞斯是在一個風和日麗的日子，安喀塞斯正在愛達山上放牧，陽光照在草坡上，羊群在陽光下或吃草或慢慢遊走，給人無限的遐想。那時的安喀塞斯是一個英俊的少年，他並不知道自己即將面臨怎樣的奇遇。

這個多情而又漂亮的女神維納斯，她摘去象徵自己神仙身分的寶石，悄悄地來到了安喀塞斯的身邊。安喀塞斯立刻被仙女的美貌驚呆了，她渾身散發的香水味甚至讓這個年輕人有些神魂顛倒，他的話

維納斯和她的凡間情人安喀塞斯。

也有些語無倫次，他目不轉睛地對眼前這個美麗的女人說：「我從來沒有見過妳這麼美貌的女子，大概只有仙女才會有如此的美貌，妳不會是從天上來的吧？」

「不，我怎麼會是仙女呢，我是這附近佛里吉亞國王奧特馬斯的女兒，我是奉了神的旨意，來找你的，神諭說我們將會成為夫妻。」維納斯對安喀塞斯撒謊說。

安喀塞斯當然願意讓這個美女做自己的妻子，雖然他知道凡人與神祇成親會有很糟糕的後果，但是他並不知道眼前的這個女人是女神。

過了一段時間，安喀塞斯無意間發現了維納斯那閃閃發光的寶石，開始懷疑這個突然就降臨到自己生命中的女人的來歷，這時維納斯告訴他說：「你的懷疑沒錯，我是女神維納斯，是我一開始對你隱瞞了真相，因為我愛上了你，如果說出實話，你會不敢娶我的。」

「可是，與神結合，我會遭到報應，我很快就會喪失我青春的活力，變成一個腐朽的老人，這對我是不公平的，我該怎麼辦呢？」安喀塞斯感到萬念俱灰，因為他很快就會變成一個老朽不堪的人。

「你說的沒錯，我雖然沒有挽回你青春的力量，但我願意為你生一個兒子，他將來的身分也會是一個神祇。可是你要答應我，等孩子出生後，別說我是他的母親，否則惹怒了天神，會遭到報應的。」

能夠讓一個女神為自己生個兒子，安喀塞斯無比高興，他對維納斯說：「妳放心吧，關於孩子的身世，以及我們之間的事情，我發誓，絕不說出半個字。」

可是人非聖賢，有了高興的事，自然就想跟別人炫耀。當人們得知安喀塞斯有了一個寶貝兒子，都來賀喜，安喀塞斯實在是太高興了，就多喝了幾杯，然後暈暈呼呼地對眾人說：「你們知道孩子的母親是誰嗎？說出來會嚇你們一跳。」

「不是一個山林女神嗎？難道不是？那是什麼神祕的人物？」他的朋友問道。

「哈哈，你們猜不到吧，她是美神維納斯。我的兒子也不是一般的孩子，他將來也是一位神祇。」安喀塞斯掩飾不住內心的歡喜，說出了事情的真相，忘記了維納斯當初的囑託。

這個孩子竟然是維納斯和一個凡人所生的，事情最終還是大白於天下了，從而惹怒了朱庇特。為了懲罰這個口無遮攔的凡夫俗子，他下令將安喀塞斯這個特洛伊的貴族變成了一個可憐的瞎子。

STORY **075**

# 打不過就走

## 維納斯的兒子埃涅阿斯逃出特洛伊

安喀塞斯的言行遭到了神仙的懲罰，變成了瞎子，而他的兒子埃涅阿斯卻成長為一個英雄。在特洛伊淪陷的時候，他背著瞎眼的父親，帶著妻兒逃出了特洛伊。

埃涅阿斯背著瞎眼的父親逃出特洛伊城。

在特洛伊城外，他們遇到了很多從特洛伊城裡出來逃難的人。他們看見埃涅阿斯就像看見救星一樣，紛紛走上前去跟他說話，這時有一位長者對埃涅阿斯說：「孩子，既然我們都已經逃出來了，那麼我們今後該怎麼辦，就由你來做決定吧，畢竟大家都信賴你。今後無論走到哪裡，我們有福同享、有難同當。」長者嘆了口氣，接著說：「誰讓我們遇到這倒楣的戰爭呢？戰爭把我們變成一群無家可歸的人，我們孤苦伶仃的命運聯繫在一起，今後你就帶著我們尋找新的家園吧。」

聽了這番話，看著眼前老老少少的鄉親，埃涅阿斯感慨萬千，大家請求的目光喚醒他那與生俱來的英雄特質，他鄭重地對

TIPS

埃涅阿斯是特洛伊城的一位偉大的戰士。在這個城市陷落的時候，他是逃脫劫難的為數不多的特洛伊人之一。他也因此擔負起尋找一片新的土地，建立一個新王國的使命。

大家說：「我的親人們，大家都不要失去生活的信心，只要我們緊緊地團結在一起，就是巨大的牢不可破的力量。我們只要努力，就會重新建立新的家園。」

埃涅阿斯的話語鼓舞了這群苦難的特洛伊人的志氣，他們動手砍倒大樹，開始建造遠航的大船。

經過了漫長的航行，終於有一天，他們看到了大陸，這對這群流浪的人來說該是多好的消息啊！他們歡欣鼓舞，迫不及待地跑下大船，奔向陸地。到了陸地上，首先要建一個祭壇，來拜祭一下神祇，保佑自己以後的命運。埃涅阿斯就去尋找一個合適的地方，他選中了一塊空地，然後打掃一下，並除去雜草和一些小樹。當他正要拔起一棵小樹的時候，小樹竟然開口說話了：「埃涅阿斯，我是一個苦命的人，因為你們至少還活著，可是我已經死去很多年了。」

小樹的話讓埃涅阿斯吃了一驚，他立刻問道：「你到底是

**特洛伊人踏上逃亡之路。**

誰？怎麼知道我的名字？你認識我是嗎？可是你為什麼會在這裡呢？」

「你忘記了嗎？小時候你經常抱著我，我是波呂多洛斯啊，是你的內弟。那時候我父親為讓我躲避這場可怕的戰爭，把我送到了這裡，原以為可以平安的躲過災難，不想卻遇到了更大的不幸。這裡的國王為了討好斯巴達人，把我送給了他們，他們用亂石把我打死，就扔在了這裡，我連一個簡單的葬禮都沒有，冥府的門也不向我打開。哥哥啊，這麼多年，我的靈魂就一直在這四周飄蕩。」可憐的小樹泣不成聲，他接著說：「你們趕快離開這個鬼地方吧，這裡並不適合建造新家園。」

在這裡竟然遇到了慘死他鄉的波呂多洛斯，埃涅阿斯的心裡很不是滋味，他對波呂多洛斯說：「放心吧，我會為你辦一個葬禮，讓你的靈魂得以安息的。」接著他又嘆了口氣說：「你不知道啊，我們雖然活著，但是我們活的並不輕鬆，我們總不能就這麼流浪下去，總要找個地方，讓大家安歇下來。可是什麼時候才是盡頭呢？大家都在指望著我，我有很大的壓力，親愛的波呂多洛斯，保佑我們吧，讓我們儘快找到一個合適的地方，建立家園。」

沉默良久，埃涅阿斯離開了小樹。

第二天，他們替小波呂多洛斯舉行了一個體面的葬禮。正打算在這裡長久居住的特洛伊人相信了波呂多洛斯這個苦命孩子的話，便重新駕起大船，為了尋找新的家園，駛向了茫茫的大海。

STORY 076

# 新樂園在哪裡？

## 七年流浪卻找不到落腳點

TIPS

埃涅阿斯不是古羅馬人，他父親安喀塞斯是特洛伊王室的一個成員。在《埃涅阿斯紀》的開篇，記載了埃涅阿斯在特洛伊城被希臘攻陷後，聚集了一群人，他們從特洛伊逃到現今的義大利，然後成為羅馬人的祖先。

離開那個可怕的島嶼，埃涅阿斯的船隊依然在遼闊的大海上航行，一年又一年，前路茫茫，誰也不知道何處是終點。

過了不久，他們又來到一座島嶼，這就是太陽神福波斯的出生地。埃涅阿斯帶領特洛伊人下船來，來到了島上。他們發現這裡有座福波斯的神殿，就首先向福波斯進獻了祭品，然後大家都跪拜在祭壇前，說出了自己的心事：「偉大的太陽神，我們在戰爭中失去了家園，我們背井離鄉在大海上漂泊，我們的苦難你都看在了眼裡。請求萬能的太陽神，保佑並祝福我們，讓我們結束漂泊的日子吧。請告訴我，我們新的家園到底在哪裡？」

「去尋找你最古老的母親，英雄的埃涅阿斯和你偉大的特洛伊人將會在那裡找到你們新的家園，世世代代繁衍生息下去，同時還會建立一個新的特洛伊帝國。」神諭這樣告訴他。

終於結束盲目的航行了，以後的航行就有了明確的目標，可是神諭說的到底是什麼地方呢？埃涅阿斯不知道，大家也不清楚。這時埃涅阿斯的父親安喀塞斯回憶說：「要說最古老的母親，大概就是指我們特洛伊人最早來自哪裡吧？我們原本不是在特洛伊，而是來自一個叫克里特島的地方，神諭說的大概就是讓我們重新回到我們祖先居住的地方，在那裡建立新家園。」

大家聽了，也覺得埃涅阿斯的父親說的話有道理。心裡有了目標，就都有了力量，每個人都想趕快離開這裡，奔向克里特島。他們向埃涅阿斯說：「埃涅阿斯，快點下命令，讓我們大船啟航吧！真想快點看到我們的新家園，也好早一點結束這漂泊的日子。」

埃涅阿斯當然也是很高興，他簡直是跑著奔向大船。他命令水手們調轉船頭，扯起風帆，向克里特島進發。

兩天以後，他們到達了目的地克里特島，似乎神諭說的就是這個地方。終於結束了漫長而漂泊的日子，回家的渴望籠罩著這群疲憊不堪的特洛伊人，按著慣例，他們首先拜祭了神靈，然後就開始尋找建城的地點。

一切都很順利，他們在當地居民熱情的幫助下，蓋上了房屋，建起了家園，開墾了荒地，種上了從特洛伊帶來的葡萄樹和油橄欖。

這也許是上天再一次跟特洛伊人開了個玩笑，讓渴望有家的人偏偏逢上了大旱，兩個月來一滴雨都沒有下，葡萄樹和油橄欖全都枯死了。這是神諭裡說的地方嗎？有些人開始懷疑，畢竟來的太匆忙，是不是沒有理解透神諭的意思呢？大家的思想開始動搖，一部分人說：「還是留下吧，我們已經走了七年了，找到一個落腳點不容易，一切都會慢慢好起來的，只是要耐心一點。」而另一部分人卻持反對意見，他們說：「如果這不是神諭裡說的地方，那麼待多久也是沒有希望的，不如早點離開。」

在神話中，埃涅阿斯被視作古羅馬的神，被尊稱為「朱庇特」——「種族的締造者」。

沒有比埃涅阿斯的心更加焦急的了，一個個不眠之夜，讓這位英雄日漸消瘦。有一天，他在恍惚之中做了一個夢，那些特洛伊的家神都來到了他面前說：「孩子，你們從火海中逃出來，帶著特洛伊人，去尋找新家園，你們在路上所經歷的種種考驗，種種磨難，神祇都看在眼裡，他們已經決定為你們準備一塊樂土，讓你們重新建立特洛伊城，它的名字叫做義大利。快，帶上你的親人、家眷和父老鄉親起程吧，萬能的神父朱庇特不願意看到你們再經受磨難。」

大夢初醒，埃涅阿斯想了想夢境裡的一切，恍然大悟。義大利，這個神諭再也不像原來的那麼模糊，這是一個多麼真實的名字，它充滿了朝陽，充滿了希望。他馬上叫來特洛伊人，傳達了家神的預言。

第二天，他們又滿含著希望，朝心中的義大利進發了。

STORY **077**

# 怪鳥的預言

## 特洛伊人困難重重的希望

心裡有點希望了，以後的航行不再漫無目的，這讓大家的情緒稍微穩定一些，他們甚至在心中已經開始描繪新城義大利的模樣了。大船沿著波光粼粼的海面輕盈的前行，在經過一個叫哈耳庇厄斯的小島時，大家像往常一樣下了船，在島上尋找合適的地方，開始搭建帳篷，準備做飯。埃涅阿斯還是喜歡到處看看，沒走多遠，他就發現牛群了，牛群正在慢悠悠地吃草，他興奮的跑回去告訴大家說：「我們的食物有著落了，我在附近發現牛群了，大家快去吧，殺幾頭牛，我們今晚就吃烤牛肉。」

終於可以飽餐一頓了，婦女和孩子都特別高興，她們還拿出來葡萄酒，準備好好地享受一下。

這是個陌生的小島，島上生活著一種很奇怪的鳥，這種鳥長著女人的頭，有著十分鋒利的尖爪，專門啄食餐桌上的食物。牠們是當年朱庇特派來專門看管菲紐斯的，因為菲紐斯的言行惹怒了天神，天神把他的雙眼弄瞎後扔到這個荒島上，每當菲紐斯開始吃飯的時候，怪鳥就來把他的食物叼走。

正是因為這個怪鳥的到來，特洛伊人也沒有平安的吃上這頓飯，只見這群怪鳥伸出尖利的爪子，把桌上成塊的牛肉抓走。埃涅阿斯趕緊大喊：「快，拿劍砍死牠。」

TIPS

羅馬神話與所有神話一樣，是源自於人類童年對自然力的恐懼以及由恐懼而產生的敬畏，由敬畏而產生的崇拜和由此而產生的一種征服和支配的願望。古羅馬人在強大的自然力面前是無能為力的，處於被支配被主宰的地位，於是就把自己所恐懼所敬畏的自然力加以神話。

這時眾人也顧不得吃飯了，趕緊站起來拿出利劍砍向怪鳥，可是怪鳥的動作太快，沒等特洛伊人拿出劍，牠們就撲閃著大翅膀飛遠了，利劍根本勾不著牠們。就這樣，特洛伊人興致勃勃準備的盛宴，卻被怪鳥叼走了，大家空歡喜一場。

大家正一籌莫展時，一隻怪鳥卻飛了過來，牠停在附近的一棵大樹上，對特洛伊人說：「你們剛才宰殺的牛群是我們的，為了懲罰你們，我們搶奪你們的食物也是應該的。並且我還要詛咒你們這群人，讓你們今後的日子困難重重。你們宰殺了我們的牛群做為食物，只有當你們桌子上的食物被饑餓的人一搶而空時，你們才可以重建新城，去吧，你們這群流浪的人。」說著，怪鳥就飛走了。

「唉，這裡危險太多，看來不是久留之地，我們忙碌半天，卻連一口飯也沒有吃上。」埃涅阿斯難過的跟大家說：「不知道我們的流浪要到什麼時候才算終點。」

一片無奈的嘆息之後，大家又重新踏上了征程。

不久又來到了一個叫厄皮魯斯的國家，當地人問他們是從哪裡來？埃涅阿斯說：「是特洛伊戰爭使我們失去了家園，我們的城堡淪陷了，我們這是去尋找新的家園。」

「是嗎？那可真是太巧了，我們這裡的國王也是特洛伊人，你們快去見面吧。」當地人熱心地為他們指路。

在漫長的旅途上遇見故鄉人，這群特洛伊人的心裡無比的激

動，他們趕緊去拜見國王。

讓埃涅阿斯萬萬沒有想到的是，王后竟然是特洛伊大英雄赫克托耳的妻子，叫安德洛瑪克。埃涅阿斯趕緊打探這其中的原因，安德洛瑪克告訴他說：「當年特洛伊戰爭結束後，我被一個將領俘虜到這裡做了他的妻子。這裡不僅僅是我自己，還有很多的特洛伊俘虜，後來過了幾年，我的丈夫死了，兒子還小，我就暫時掌管了這個國家，再後來，我又嫁給了特洛伊人，他是特洛伊的王族叫赫洛諾斯。」

知道了安德洛瑪克的情況以後，埃涅阿斯的內心稍稍安穩一些，他告訴安德洛瑪克說：「原來的特洛伊已經不存在了，我必須帶著特洛伊人去重建新城。比起我們，你們真是太幸運，我們已經流浪很多年了，不過我們也看到希望了，就在不遠的義大利，祝福我們吧，我的親人。」埃涅阿斯的眼中滿含著堅定的信念。

特洛伊大英雄赫克托耳與妻子安德洛瑪克在一起。

第二天，國王和王后為特洛伊人準備了豐盛的晚宴，之後又給他們準備了路上所需的豐厚禮品，在祝福聲裡送這群肩負使命的特洛伊人向著新城出發。

STORY 078

# 風神的美麗祝福

## 順風回故鄉

TIPS

羅馬神話既有淒美動人的愛情故事，也有蓬勃壯闊的戰爭場景，讓人感受到古代文明的智慧與光輝。除了眾多的神話傳說以外，還彙集了關於天文、地理、宗教、民俗……等多姿多彩的內容，東西方文化在此處融匯，互相影響。

特洛伊人的船隊駛出了哈耳庇厄斯島，繼續在遼闊的大海上航行。這時海面上無風無浪，大家也不像從前那般的鬱悶了，在甲板上有說有笑地談論著未來的一些打算。

幾天以後，船隊又來到了一個小島，該下船去歇歇打點水弄點食物了，大家紛紛都下了船。沒走多遠，他們就看見一個侍者模樣的人向他們走來，他們便停住了腳步，這時侍者對他們很客氣地說：「尊敬的客人，不知道你們是從哪裡來的？是偶然經過這裡，還是來拜訪我們主人的呢？」

來人的態度讓這群特洛伊人感到很親切，畢竟流浪這麼多年，飽嚐了旅途的艱辛，所以一句很誠懇的問候對於他們來說是多麼的溫暖。

這時埃涅阿斯就走出人群，對侍者說：「我們是從遙遠的特洛伊而來，我們那裡遭遇了戰爭，戰爭迫使我們離開家鄉。為了尋找新的落腳點，我們已經在海上漂流了好幾年，今天我們是路過你們的小島，想休息一下，然後就離開。」

「哦，是這樣啊，我早知道特洛伊戰爭，你們和敵人頑強拼搏的精神讓我由衷地敬佩，沒想到今天在這裡能見到你們。」那個侍者很興奮的說：「這個小島的主人是風神埃塞羅斯，他是個

很爽朗的人，現在我這就帶你們去見他。」

經過一片茂密的樹林，呈現在眼前的是一個漂亮的宮殿，說它漂亮，是因為它的周圍開滿了鮮花，侍者說：「這裡一年四季都盛開著鮮花，因為風神可以控制花開的季節。」

「哈哈，看來風神是一個很浪漫的人。」埃涅阿斯說著就跟隨侍者走進了宮殿。

「歡迎你們，特洛伊的英雄，我這小島上還從未來過像你這麼尊貴的客人，在這裡，你們不用拘謹，我也會盡我一切的能力來幫助你們。希望你們能夠安心的休息一些日子，緩解一下旅途的疲憊。」風神埃塞羅斯果然是一個很好客的人，他熱情地讓侍者安排特洛伊人的食宿。

在風神的小島上安逸的休息了幾天以後，他們又該起航了，臨走時風神很誠懇的挽留他們，埃涅阿斯說：「我們是一群遠離家鄉在外漂泊的人，我們一路上克服了很多艱難險阻，也失去了很多寶貴的生命，所以我們十分感激你對我們的熱情款待。但是這裡畢竟不是我們的歸宿，神諭告訴我們，我們的故鄉在遙遠的義大利，我們只有到了那裡，才會過上真正平安的生活。」

「那好吧，既然你們有自己的使命，神諭不可違抗，我就不多留你們了，不過我要送給你一個風囊，我把所有的危險的風都縫在袋子中，只有順風留在外面。你不要打開，否則亂風會把你們吹得偏離航向，弄不好還會危及生命的，千萬要記住。」說完，埃塞羅斯便遞給埃涅阿斯一個袋子，袋子的扣是用銀線縫製

的。

埃涅阿斯記住了風神的話，帶著埃塞羅斯的祝福，他們又踏上了遙遠的旅途。

這次是埃涅阿斯掌舵，他們的航行在風神的關照下異常順利，這讓埃涅阿斯格外的感激，他幾天幾夜都不捨得闔眼。但是他又太疲憊了，終於累得睡著了，這時一些特洛伊人就悄悄的議論說：「大家看，埃涅阿斯睡著了，他自從離開風神的小島，手裡就拿著這個袋子，一刻也不離手，裡面到底裝的是什麼呢？我們打開看看吧。」

**北風神波瑞阿斯的兩個兒子。**

好奇的人們就趁英雄睡著之際打開了袋子，沒想到卻惹了很大的麻煩。

袋子一打開，所有的亂風就都飛出了袋子，大船立刻被風刮得左右搖擺，再也無法往前行駛一步，只得任由大船在海上自由的漂泊。幾天以後，這群人竟又戲劇般地返回了風神小島，而此時的風神就沒有先前那麼客氣了，他說：「你們擅自打開風囊，亂了季節，天上的神祇知道了也會懲罰我的，我都很難收場了，又怎麼再幫助你們呢？」

無奈，這群人只好自己揚帆搖擼艱難地駛向遙遠的義大利。

STORY 079

# 被磨練的意志

## 特洛伊人充滿艱險的航程

TIPS

墨丘利是朱庇特最忠實的信使，為朱庇特傳送消息，並完成朱庇特交給的各項任務。他行走敏捷，精力充沛，多才多藝。

離開戰亂的家鄉，一路上歷經了不計其數的艱難險阻，比戰爭更加嚴峻的考驗著特洛伊人的毅力。

這是一座很奇怪的小島，它的名字叫做艾尤島，這裡住著太陽的女兒喀耳刻。說這座小島很奇怪，是因為島上沒有人居住，卻有很多的豬、羊、狗等動物，並且還有一些猛獸，像豹子和狼等，但是牠們又都溫順得像綿羊。這讓埃涅阿斯的心中有些不安。不遠處有一座宮殿，他對大夥說：「大家看見了嗎？前面的那座宮殿一定有人，大家先進去吧，我在外面再看看情況。」

聽了埃涅阿斯的話，大家也就沒怎麼多想，就進宮殿了。

女巫喀耳刻。

宮殿裡的情況比他們想像的要好得多，一個美麗的侍女過來招呼他們，還熱情的為他們準備了很豐盛的晚餐，並拿出幾壇美酒來招待他們。好久沒有享用到這樣的美食了，大家準備喝個痛快。他們吆喝著，全然不顧身邊會有什麼潛伏的危險。很快他們就喝得爛醉，不知道此地是哪裡了。這

時這個宮殿的侍女從主人後面過來了，她拿著魔棒，對著這些特洛伊人輕輕一點，奇怪的現象發生了，這些喝醉的特洛伊人立刻變成了羊，隨後這群羊被侍女趕進了羊圈。

神使墨丘利。

這群羊被關在這裡，面面相覷，不知所措。他們雖然變成了羊，但是大腦還是有思維的，只是不會說話了，只會「咩咩」的叫，以此來表示心中的憤怒和詫異。

一直在觀察地形的埃涅阿斯發現自己的夥伴進去不久，就有一群羊被趕了出來了，覺得很奇怪，就拉住一個侍女喝問道：「宮殿裡發生什麼事情了？快點告訴我，否則我殺了妳！」

侍女被嚇得渾身哆嗦，趕緊告訴埃涅阿斯：「你想知道什麼，我全告訴你，這宮裡住著太陽的女兒，叫喀耳刻，她是一個會法術的女巫，這些禽獸其實都是人變的。是喀耳刻施了法術，把他們變成這樣的，你的朋友也變成了羊群。」

「那我該怎麼辦？有什麼辦法可以解救我的朋友？」聽說朋友全變成了羊，埃涅阿斯大吃一驚，急切地向侍女問道。

「離這不遠處，有一個山洞，裡面住著一個人，叫墨丘利，

你去找他，或許會有辦法。」說完，侍女指給埃涅阿斯去尋找墨丘利的路徑。

沿著侍女所指的路，很快埃涅阿斯就找到了墨丘利的洞口，墨丘利看見埃涅阿斯進了山洞，就對他說：「我就知道今天你會來，是你的朋友出什麼事情了吧？那是貪婪害了他們。到我這裡來的人全是一個目的，就是解救他的朋友，如果當時你也進去了，那麼就沒有人可以解救你們了，這就是為什麼這島上依然還有那麼多沒有被解救的人的原因。」

不需多說，墨丘利已經知道了埃涅阿斯的來意，他告訴埃涅阿斯：「要救你的朋友很簡單，但是需要勇氣，我給你一棵魔力草，當女巫的魔棒點向你的時候，你就拿出這棵魔力草，她魔棒就失去了法力，那時你就可以隨意的命令她了。」

拿著這顆救命的魔力草，埃涅阿斯像揣著寶貝一般回到了女巫的宮殿。這時他對女巫的伎倆已經很熟悉了，當女巫拿出魔棒剛要點向埃涅阿斯，埃涅阿斯早有準備拿出了魔力草，隨即又抽出了寶劍，砍向女巫。那女巫立刻屈服了，這時埃涅阿斯趁機命令女巫，把朋友全變回人形，還要準備好豐厚的禮品，送特洛伊人啟航。

女巫無一例外地按埃涅阿斯的意思照辦了，隨後把他們安全送上大船，大船又駛向茫茫的大海。

STORY **080**

# 陰陽相隔

## 埃涅阿斯冥界含淚會親人

終於結束了漫長而苦澀的航行，這群特洛伊人已經踏上了義大利的沃土。在這些年裡，埃涅阿斯的父親和妻子都相繼去世。在踏上義大利土地的當晚，埃涅阿斯終於可以睡上一個安穩覺了。在睡夢中，他見了父親，於是告訴父親說：「我們找到了新城，這就是神諭中說的義大利。親愛的父親，保佑我們吧，我們終於結束了這種奔波流浪的日子了。」

「我為你們感到高興，不過在建新城之前，你還有最後一個任務，你必須到冥界走一遭，我有話要對你說。」父親剛說完，埃涅阿斯就醒了。

早晨，大家開始興奮地準備食物，也許是餓得太久了，食物剛擺上桌，就被眾人吃光了。這時一個特洛伊人突然說：「我想起來了，那隻怪鳥曾經說過，如果餐桌上的食物被吃光的時候，我們就可以建新城了！」

他的這句話提醒了大家，於是紛紛跪下向神祇祈禱。

埃涅阿斯還像往常一樣去查看地形，他走到一個山洞前，一位老婆婆叫住了他：「喂，埃涅阿斯，你要去哪裡？」

「老婆婆，妳怎麼知道我的名字？」埃涅阿斯有些迷惑地問道。

TIPS

古羅馬神話包括神的傳說和同神的傳說相關的地方歷史傳說兩部分，與豐富多彩的古希臘神話相比，它要簡單、樸素得多。

「呵呵，孩子，你難道忘記你的父親昨晚給你托夢了嗎？你現在最應該做的是去冥府走一遭啊。」老婆婆微笑著對他說。

「可是，我該怎麼去呢？」埃涅阿斯誠懇地詢問這位神奇的老婆婆。

「我可以帶你去，不過在去之前，你要準備一樣東西，做為送給冥后的禮物。離這不遠的後山上有一棵聖樹，你折下樹上的金枝，那金色的樹枝是為幸運的人準備的。」老婆婆微笑著說。

有那麼多神明的保佑，埃涅阿斯很順利地就折下了金枝，與老婆婆一起來到了冥府。他向表情冷漠的冥后呈送上了金枝，向她請教完尋找父親的路徑，就急匆匆地離開了。

**迦太基女王收留逃難的埃涅阿斯父子。**

在尋找父親的過程中，埃涅阿斯竟然意外遇見了狄多。自從在迦太基分別後，一晃好多年過去了，是福是禍都杳無消息，眼前的這個女子是狄多嗎？那模樣和神態都像極了她。埃涅阿斯不顧老婆婆的阻攔，就走上前去問：「狄多，是妳嗎？我怎會在地下遇見妳？我離開妳也是萬不得已，妳何苦為了我了斷自己的生命呢？」他看著狄多深情地說：「經歷了那麼多苦難，我們到了義大利，終於可以建新城了！」

狄多並沒有理會埃涅阿斯，她默默地走開了。埃涅阿斯朝著狄多離去的背影大聲喊道：「狄多，雖然妳不說話，但我希望妳能原諒我！」剎那間，痛苦的眼淚流滿了埃涅阿斯的臉頰。

善人死後居住在冥府的最深處，他在這裡看到了自己的父親，而父親也一眼認出了他：「孩子，我一直在等你，你雖然到了義大利，但是不要高興得太早，你還有許多未完成的任務。你一定要像從前一樣勇敢作戰，創建一個強大的羅馬帝國。孩子，神明會保佑你，特洛伊人民也會相信你的。」也許是不願意耽誤兒子太多的時間，說完這些話，父親就離開了。

看著父親轉身離去的背影，埃涅阿斯再一次淚如泉湧，父親的囑託更加堅定了這個特洛伊英雄創建城邦的信念。

STORY 081

# 希望就在眼前

## 埃涅阿斯成婚

TIPS

一直到羅馬共和國末期羅馬的詩人才開始模仿希臘神話編寫自己的神話，羅馬人沒有傳統的、像希臘神話中那樣的神之間的鬥爭之類的傳說。因此，古羅馬的「神話」不是故事，而是神與神以及神與人之間錯綜複雜的關係。

拉丁姆王國，這是個一直以來都不太平安的國土，特別是在法烏諾斯國王失手打死了妹妹之後，這個國家的災難就更多了，沒有一刻安寧，由此，神靈便選中埃涅阿斯來拯救這片被烈火焚燒的土地。

法烏諾斯去世以後，他的兒子拉丁努斯繼承了王位，這個國王有一個很漂亮的女兒，叫拉維尼亞，她出落得仙女一般漂亮，再加上溫柔可人的性格，引得很多王親貴族都慕名前來求婚。可

埃涅阿斯與母親愛神維納斯。

越是掌上明珠，就越不捨得嫁出門，拉丁努斯一心想為女兒找一個稱心如意而又門當戶對的丈夫，所以就一直沒有訂親。

求婚人中不乏很出色的人，有一個叫圖爾努斯的王子，生得英武俊朗，性格勇敢豪爽，又有一身好本領，在眾多求婚人中也算是一個佼佼者。拉維尼亞的母親也對他觀察很久了，覺得這個年輕人還是很不錯的，她便有意將女兒許配給他。

這天，拉維尼亞的母親帶著女兒來到聖壇前，給女兒戴上了王冠，可是接下來的一幕卻讓全場的人都驚呆了。只見聖壇上突然出現一團火焰，猛烈地燃燒，然後火焰似乎又飛到拉維尼亞的頭頂，在頭頂盤旋一會兒，便向遠處飛去。

不知這是什麼預兆，國王和王后不敢怠慢，趕緊去祈求神諭，得到的答覆是，這個國家要面臨一場戰爭或者是很嚴重的災難，生死存亡只在一線間。但同時他們又得到另外一個神諭，這個神諭說，有一個將要從特洛伊來的英雄會成為拉維尼亞的丈夫，並且帶著妻子一起創建新的羅馬帝國。

命運突然發生了巨大的改變，打亂了王后所有的計畫，但是國家面臨危難，神諭不可違抗，他們也只能打消所有的計畫，等待特洛伊英雄的到來。

很快，埃涅阿斯的船隊就駛入了海港，打漁的漁民趕快把消息彙報給了國王跟王后：「國王，海面上來了很大的一個船隊，他們划起船來虎虎生風，船上好像有很多怪物。」漁民也許是對外人太過陌生，心裡不免有些恐懼。

「呵呵，別擔心，這也許就是神諭說的特洛伊人來了，既然是特洛伊的英雄，我想他們不會為難我們，但願他們會為我們帶來和平與希望。」國王表面上雖然很平靜，其實心裡也是惴惴不安。

第二天，安排好住處，埃涅阿斯就帶上珍貴的禮品來到了王宮。他送給國王一盞金杯，禮貌地說：「尊敬的國王，這盞金杯是送給您的，這是我父親生前最喜歡的用具。他一直用這盞金杯來調製葡萄酒祭奠神祇，請您收下。」

「歡迎你們的到來，尊敬的客人，在這就像到了自己的家一樣，我對你們也會像對待自己的親人一樣。不僅如此，我還有另外一件事要告訴你，神諭說我女兒會嫁給一個遠道而來的特洛伊英雄，我們已經等待多日了。」國王接著說：「我和子民商量好以後，會儘快給你們準備一個生活的地方。」

埃涅阿斯離開王宮時，做為回禮，國王送給他的一輛鑲金的戰車以及兩匹高頭大馬。很快，在國王和王后的安排下，埃涅阿斯和拉維尼亞舉行了盛大的結婚典禮。

STORY 082

# 義大利沒有平安夜

## 嫉妒的圖爾努斯挑起戰爭

到手的鴨子飛了，圖爾努斯一想起這事就冒火，一個外來人，一個來歷不明的窮光蛋，卻堂而皇之地娶走了自己的心上人，何況自己又花費了那麼多的精力，不能就這麼便宜了那個小子。

想到這兒，圖爾努斯就再也按捺不住心中的怒火，他從床上一躍而起，衝出帷帳，集合了一支裝備最精良的部隊，浩浩蕩蕩地向城中出發，他們哄嚷著：「讓特洛伊人滾回去！他們是一群來歷不明的人，他們熱衷於戰爭，我們不歡迎他們！」

拉丁姆王國當然不希望在他的國土上發生戰爭，這會給他以及國家都帶來不可估量的災難。但是外面喊聲震天，如果不及時採取對策，他不知道他的人民將會做出什麼樣的事情來。

埃涅阿斯與他的忠實朋友阿凱提斯一起會見美神。

遲遲等不到國王的答覆，憤怒的圖爾努斯站了出來，召喚大家說：「我們去雅努斯神殿，請求雅努斯戰神保佑我們打敗敵人。」

TIPS

雅努斯神象徵一切事物的開始與終結，他又是象徵每年、每月和每天開始與結束的時間之神。每當遇到戰事，義大利人就將雅努斯神廟的大門敞開，表明雅努斯已出來幫助他們作戰；而和平時期廟門就關閉起來，表示雅努斯正坐在神廟裡保護著人民的平安。所以他又是戰爭與和平之神。

戰爭一觸即發，特洛伊人不得不硬著頭皮迎戰。

剛到義大利就面臨戰爭，埃涅阿斯萬般無奈地去埃汪特耳國尋求救援，這正是圖爾努斯下手的好機會，他們就集合各路軍馬向特洛伊的大營衝殺過去。可是特洛伊的城牆是很難攻破的，尤其是牆外那道又深又寬的護城河，很難翻越過去。圖爾努斯向城牆上拋擲長矛，挑釁說：「你們這群膽小鬼，有本事就出來應戰！被人打敗了，就偷偷跑到這裡來，你們算什麼英雄，簡直是狗熊！」

這時，埃涅阿斯帶著援軍回來了，援軍和特洛伊將士一起參加了戰鬥，圖爾努斯的部隊很快就被打得落花流水，四散逃開。眼看圖爾努斯將有滅頂之災，這時一直在上空觀戰的朱諾用計使他脫離了戰爭，埃涅阿斯在人群中拼命廝殺，並大喊道：「圖爾努斯，你出來，有本事咱們一對一單打獨鬥。」

可是無論他怎麼喊，就是不見圖爾努斯的影子。戰場上不僅沒有了圖爾努斯，就連他的軍隊也是節節敗退。

埃涅阿斯無心追殺逃兵，他只想和義大利人和平共處。這時恰好義大利人來陣地收拾死難士兵的屍體，埃涅阿斯真誠地對他們說：「我們歷盡千辛來到這裡，不是來打仗的。我們討厭戰爭，多麼希望這一切都沒有發生啊。」

「是啊，」前來收拾屍體的義大利使者說：「你看，我們的國王把女兒都嫁給你了，還給你們一塊地方，讓你們能夠結束漂泊的日子。都怨圖爾努斯，是他不甘心讓拉維尼亞嫁給你，才發

動這場戰爭，唉，但願這一切很快過去吧。」

整個義大利都沉浸在悲傷之中，他們為死去的丈夫，為死去的兒子，為死去的兄弟難過萬分。

只有圖爾努斯不甘心就此失敗，他回到家鄉，又是蠱惑，又是造謠，很快又糾集了很多人，重新編制了軍隊，浩浩蕩蕩地回到了拉丁姆。

此時的義大利人已經在想和平解決問題的辦法了，圖爾努斯站在城牆上大喊道：「尊敬的拉丁姆公民，你們睜眼看看這些特洛伊人，剛來就娶了我們的公主，佔了我們的土地，還把我們打得狼狽不堪。你們難道就願意讓這些外鄉人在此作威作福嗎？你們難道沒有想過，等他們漸漸強大了以後，我們還能在繼續生存嗎？再看看那些戰死的將士，屍骨未寒，你們要與特洛伊人講和，那我們的將士豈不是白死了嗎？」

圖爾努斯一番熱情洋溢的演講很奏效，很多的拉丁姆人開始轉變看法，繼續支持戰爭了，只有拉丁姆國王發出了長長的一聲嘆息。

令人心悸的戰鬥號角再次響徹義大利的上空。

STORY 083

# 這裡的戰爭太頻繁

## 眾神考驗羅馬

TIPS

古羅馬的歷史，是一個充滿暴力與血腥的歷史，它的成長一直沒有離開殘酷的戰爭與殺戮。所以，古羅馬神話也不可避免地打上了戰爭的烙印。

神的意志不可違背，義大利迎接特洛伊人的不是祝福的美酒，而是戰爭的號角，特洛伊人苦難的歷程仍在繼續。

朱諾招來地獄的復仇女神，這是一個惡毒的女人，她的頭上爬滿了毒蛇，「嘶嘶」地吐著有毒的信子。她的心和她的蛇毒一樣狠毒異常，最喜歡散佈仇恨，挑起禍端。這個惡毒的女神名字叫阿勒克托。

阿勒克托帶著朱諾的旨意，飛向了夜幕中的義大利王宮，偷偷找到了王后阿瑪塔。她看著熟睡的阿瑪塔，心中暗自竊喜：「可憐的女人，我立刻就叫妳從夢中醒來，讓妳滿腔憤怒地去和妳的丈夫吵架。」接著她圍著王后的寢宮轉了幾圈，心想：「這個女人真會享受，不過她很快就會失去這一切了。」她再次來到王后的床前，把一條毒蛇扔到王后的身上，這條毒蛇立刻鑽進了王后的心臟。

熟睡的王后突然從夢中醒來，滿腔的怒火讓她再也無法入睡，她立刻找到國王，怒不可遏地對他說：「你真是老糊塗了，你為女兒選夫婿，選了好幾年，難道就是為了讓她嫁給一個逃難的窮光蛋嗎？你安的什麼心，為什麼要毀了女兒？」

國王被妻子這突如其來的指責搞得莫名其妙，他對妻子說：

「難道女兒的婚姻是我自己擅自做的主嗎？那是神的旨意，誰敢違抗？」

與此同時，朱諾也沒有坐視不管，為了能夠找到適合下手的機會，她一直盯著特洛伊人的陣營，就要面臨戰爭的特洛伊人此刻卻毫無察覺。

機會終於來了，這天，埃涅阿斯的兒子阿斯卡尼俄斯對父親說：「整日沒什麼事情可做，要不我去打獵吧！」

埃涅阿斯簡單交代了兒子幾句，就讓他去狩獵了。於是，小阿斯卡尼俄斯和幾個特洛伊人帶上獵狗進入了深山。

終於等到機會了，朱諾把一頭可愛又漂亮的馴鹿趕進了林子，故意讓牠走進阿斯卡尼俄斯的視野。馴鹿出現在眼前，阿斯卡尼俄斯的興奮可想而知，他招呼同伴包圍馴鹿，將牠逼得走投無路，只好跳進了台伯河，飛快地向對岸奔去。這時阿斯卡尼俄斯搭起弓箭，射中了馴鹿。但是馴鹿雖然中箭了，還不至於喪命，牠忍著痛跑過了台伯河。

**埃涅阿斯和流浪的特洛伊人在利比亞海邊。**

狩獵滿載而歸，讓這群人大喜過望，可是他們萬萬也沒有想到，這是神明故意施展的詭計。這頭馴鹿可不是一般

的馴鹿，牠的主人是義大利拉丁人園藝總管的女兒，跑過台伯河的馴鹿艱難地回到了主人身邊。女主人發現馴鹿被射傷了，就向哥哥說：「哥哥，我們的馴鹿被箭射傷了，那箭是特洛伊人的，因為義大利人誰也不會故意傷害牠，只有可惡的特洛伊人才這麼做。」總管女兒的眼中流出了憤怒的淚水。

「好吧，我去找他們算賬。」哥哥說完就帶著幾個拉丁人去了特洛伊營寨。

沒招惹到誰，喜愛的馴鹿就被莫名其妙地射傷了，這群拉丁人掩飾不住憤怒的情緒。看著生氣的拉丁人拿著刀槍棍棒和各種武器氣勢洶洶地找上門，特洛伊人很納悶，阿斯卡尼俄斯趕緊詢問拉丁人來意，可是總管的兒子卻不領情，他狠狠地對特洛伊人說：「你們這群流浪漢，太不識抬舉了，竟然故意追趕射殺我的馴鹿，我要你們見識一下拉丁人的厲害。」

說著，他挺起長矛朝阿斯卡尼俄斯衝了過去，阿斯卡尼俄斯一見來者不善，為了防範，他慌忙搭起弓箭，不偏不倚，恰好射中總管兒子的咽喉。

就這樣，特洛伊人在義大利土地上的戰爭也就由此拉開了序幕。雖然他們不願意爭鬥，但是埃涅阿斯以及他率領的特洛伊人卻擺脫不了眾神對他們的考驗。

STORY **084**

# 我還要報復

## 朱諾繼續挑起人間戰爭

朱諾，是一個詭計多端而又唯恐天下不亂的女人，哪裡有戰爭哪裡就有她的身影。

特洛伊人和拉丁姆人的戰爭一直是峰迴路轉，柳暗花明，到底是誰勝誰負一直沒有個定數。既然戰爭是圖爾努斯首先挑起的，還不如讓他和埃涅阿斯單獨決一勝負，這也一直是埃涅阿斯的意思，他不願意戰爭的雙方有太大的傷亡。

這是一個生死抉擇，就像事先立生死狀一樣，雙方首先商定了一個協定，協定中規定：雙方進行公平的生死決戰，如果圖爾努斯勝了，那麼埃涅阿斯就必須帶著所有的特洛伊人離開義大利另謀活路；如果是埃涅阿斯勝了，就可以在這個地方和他的特洛伊人繼續生存。

收拾好一塊草坪，兩個人就準備開戰了，而天上一直關注戰況進展的朱諾卻有些坐不住了，她發現人類經常用這個辦法來解決糾紛，她可不希望特洛伊人就此結束苦難，還得想辦法讓他們繼續戰鬥。

她讓一隻白天鵝停留在台伯河岸邊，然後又派來一隻老鷹俯衝下來猛地抓住天鵝，而這時周邊眾多的鳥雀群起圍攻老鷹，迫使牠放棄白天鵝。一番掙扎以後，老鷹最終放棄了天鵝，遍體鱗

TIPS

羅馬神話中，維納斯是特洛伊英雄埃涅阿斯的母親，她為羅馬城的建立和羅馬帝國的強大立下了汗馬功勞。

傷地飛走了，而白天鵝也沒有受到太大的傷害。

唯恐天下不亂的天后朱諾和眾神之王在一起。

這突如其來的一幕，讓即將比賽的人和觀眾都萬分驚奇，不知道這預示著什麼，雙方都不敢再戰了，他們找到了預言家來分析其中的奧妙。預言家的思想已經被朱諾控制了，他所說的話就是朱諾想說的話。只見預言家激動萬分地說：「偉大的義大利人，神諭告訴我們，我們必將打敗特洛伊人，而特洛伊人就像那隻老鷹，最終會被我們趕跑的。這是神的旨意，勇敢的義大利人，拿起武器，去投入戰鬥吧！」話音剛落，這位悲憤的預言家竟然拿起長矛，用力投向特洛伊人，當場就殺死了一名特洛伊戰士。

剛才還商議和解的辦法，轉眼就發生了爭鬥，預言家的行為惹怒了特洛伊人。雙方也顧不上什麼合約不合約了，他們奮不顧身地拿起手中的武器，向對方陣營衝殺過去，一場混戰又開始了。埃涅阿斯被眼前的一切搞得有點摸不著頭腦，他急忙大喊道：「大家住手，不要打了，光打是不能解決問題的，我們既然都立了盟約，為什麼又不按上面的去做呢？大家趕快住手！」

「啊……」不知從哪裡飛來的一支箭射中了埃涅阿斯的腿部，疼得大叫起來。

「父親，你受傷了，快上戰車，我帶你離開這裡。」阿斯卡尼俄斯說著就把父親扶上了戰車，退出戰場了，而此時的義大利人卻是越戰越勇，一時間勢不可擋。

埃涅阿斯的腿卻一直在流血，他想忍著劇痛把箭拔出來，卻不能做到，因為箭上有倒鉤。

他的母親維納斯心疼兒子，到附近的伊達山上，採集了很多草藥，又悄悄地隱身潛入營帳中。埃涅阿斯正躺在床上，豆粒大的汗珠子不住的往下淌，他疼得臉都變了形。在他旁邊，有一個戰士正為他熬藥，維納斯立刻把自己手裡的藥放進藥罐中，那是一些白蘚的葉子和花瓣。戰士將熬好的藥端給埃涅阿斯，埃涅阿斯剛喝下，奇蹟就發生了，箭竟然自動掉了下來，連傷口也不治而癒了。埃涅阿斯猛然從床上跳了下來，他覺得渾身都充滿了力量，他對軍醫說：「我的同胞還在戰場上掙扎，我不能待在這裡，我要去加入戰鬥！」

軍醫看到剛才還疼得咬牙的埃涅阿斯，此刻卻已經痊癒要奔赴戰場，簡直是不可思議。他祝福說：「真是偉大的特洛伊民族，偉大的特洛伊英雄，去參加戰鬥吧，你有神明的庇護，一定會贏得最終的勝利。」

STORY 085

# 難得一見的友情

## 帕拉丁加入戰鬥

TIPS

「古義大利人」由幾個民族構成的，包括薩賓人、翁布里亞人和拉丁人，大約在西元前一千年的銅器時代，他們穿越北部和東部的阿爾卑斯山和亞得里亞海到達義大利，起初過著遊牧生活，之後形成了以農耕為基礎的生活方式。這種生活方式成為隨後幾個世紀其子孫後代的主要生活方式，直至羅馬文明的衰落。

戰爭使特洛伊人失去了很多優秀的士兵以及善戰的將領，他們的情緒變得低落，而此時義大利人卻是越戰越勇。圖爾努斯乘勝追擊，他大聲激勵著自己的士兵：「大家握緊手中的武器，我們不是膽小鬼，這是上天賜給我們的良機，我們要把他們的船艦燒毀，讓他們死無葬身之地。」

義大利士兵受到了鼓舞，勢不可擋地奔向特洛伊船隊。這時，埃涅阿斯算準原來的泊船點不能再繼續使用了，因為那裡極有可能埋伏了拉丁人，他立刻指示救援的船隊調轉航向，朝另外一個隱蔽的地方駛去。船一靠岸，士兵們就迫不及待地跑下船，與他們一起來的，還有亞加狄亞騎兵，帶領他們的是王子帕拉丁，帕拉丁的父親埃汪特耳十分的欽佩埃涅阿斯，所以在特洛伊人危難之際，他伸出了友誼之手。帕拉丁的部隊很快就分清了敵我，迅速加入了戰鬥。同時加入戰鬥的還有埃涅阿斯的兒子阿斯卡尼俄斯，他帶領士兵衝入拉丁人的陣營，使拉丁人亂了方寸。他們所到之處，橫屍遍野，血流成河。這時的天空也烏雲密佈，上天彷彿也在暗自的歎息，不忍觀看人間這悲慘的一幕。帕拉丁同樣是一位驍勇善戰的英雄，他在混亂的隊伍中發現了勞素斯，這個人他認識，勞素斯是被驅逐的阿格拉國王子，他同樣也是一位英俊少年，而且英勇善戰。帕拉丁提出要與勞素斯單獨決戰，這恰好也符合勞素斯的心意，他們當即讓自己的士兵退了出去。

在一旁正打得起勁的圖爾努斯發現了這邊的異常，他趕緊跑過來打聽情況。勞素斯向他解釋說：「我要跟帕拉丁單獨決鬥，你們都離遠點，今天不是他死就是我活！」

卑鄙的圖爾努斯說：「算了，還是我來吧。」他騎著戰馬圍著帕拉丁轉了幾圈，眼中一副鄙夷的神色：「哼，早就聽說埃汪特耳的王子身手不凡，今天我就來見識一下，也算開開眼。」說著就朝帕拉丁衝了過來，他心中暗想，什麼少年英雄，今天就讓你死在我的手中，你的老父親一輩子也別想見到你。圖爾努斯的動作老辣而且狠毒，但是年輕的帕拉丁並沒有退卻，相反他很勇敢地拿起武器迎戰這個拉丁人。「好啊，我今天就和你比試一下。」帕拉丁向圖爾努斯投出閃電般的一槍，長槍滿帶著憤怒的力量刺向圖爾努斯。圖爾努斯慌亂之中舉起盾牌，擋住了長槍。雖然沒有受傷，但他卻真切地感受到了王子勇猛的力量，這讓他傲慢的心理有些收斂。他提醒自己，眼前這個少年不是那麼好對付的，自己萬萬不可輕敵。

交戰中，詭計多端的圖爾努斯仔細尋找下手的機會，他趁帕拉丁不注意，猛地將長槍擲向帕拉丁，年輕的帕拉丁還沒等反應過來，就倒在了血泊之中。遠道而來的王子死在了戰場上，埃涅阿斯無比悲痛，他跑出了營房，揮舞著手中的盾牌和長槍對著義大利人的方向大聲喊道：「可恨的拉丁人，記住你們可恥的行為，我們的鮮血是不會白流的，我一定會讓你們血債血償！」

悲傷的情緒再次感染了這位苦難的特洛伊英雄，他發誓要為死去的帕拉丁報仇，為死去的將士報仇。

STORY **086**

# 戰爭不相信眼淚

## 特洛伊英雄厚葬墨策提沃斯父子

TIPS

最原始的古羅馬宗教中的神靈都具有人的思想和感情，這和古希臘宗教一樣。後來古羅馬宗教吸收了古希臘宗教的內容，但原來的神還是神聖權利和神聖意志的表現。一方面，古羅馬人吸納了外國的神，在羅馬進行祭禮活動；另一方面，非常實際的宗教對於祭禮的形式和儀式十分保守：宗教儀式在公眾生活和私人生活中逐漸佔有一席之地，這些儀式的目的是獲得神的恩惠，以便得到好處。出於這個原因，古羅馬宗教的社會性很強，在家裡人們必須祈禱，在外則必須參加公眾儀式。

朱諾的計謀使雙方一次次陷入激烈的戰鬥中，對於朱諾的介入，眾神之王朱庇特極為反感。埃涅阿斯重返戰場使戰局發生了根本性的轉變，眼看圖爾努斯漸漸不支，朱諾又準備想辦法暗中幫助他，此時朱庇特對她說：「戰爭是不可避免的，你要是想幫助圖爾努斯，就只能讓他自己一個人從戰場上撤離，而戰爭還是要繼續，無論結果如何，你都不能干涉。」

雖然心中不服氣，但是她不敢與朱庇特唱反調。無奈之下，朱諾只好暗自救走了圖爾努斯。這時義大利的一隊援兵到了，他們是阿格拉國王墨策提沃斯率領的。隊伍增添了新力量，讓義大利人士氣大增，而此時的特洛伊人卻有些力不從心了，他們節節後退。墨策提沃斯在廝殺中看見了率先到達的兒子勞素斯也在拼殺中並且安然無恙，就立刻對他說：「孩子，把你的隊伍拉過來，我們兵合一處，一起衝向特洛伊軍營。」

兒子看見父親來了，不由得精神大振，率領士兵將特洛伊人逼得幾乎沒有了退路。埃涅阿斯見狀，他大喝一聲：「都閃在一旁，我來對付這個狂妄的青年。」特洛伊人立刻閃開一條路，讓埃涅阿斯和墨策提沃斯單獨拼殺。墨策提沃斯趁埃涅阿斯立足未穩，拿起長矛用力向他投擲過去，卻被眼疾手快的埃涅阿斯用盾牌給擋住了。這時就見埃涅阿斯拿著長矛和盾牌，圍著墨策提沃

斯繞了幾圈，猛的一下投出長矛，長矛「嗖」的一聲穿透了墨策提沃斯的盾牌，刺進了墨策提沃斯的大腿。鮮血頓時順著他的戰靴淌了出來，疼得他扔了長矛一屁股坐在了地上。

墨策提沃斯的兒子勞素斯一直在旁邊緊張地注視著戰事，他看見父親受傷了，就趕緊朝埃涅阿斯衝了過來。他對自己的士兵說：「你們立刻把我父親抬下去，我要和這個特洛伊人決一勝負。」這時的場地上只剩下埃涅阿斯和勞素斯兩個人，埃涅阿斯對勞素斯說：「你不過是個孩子，我不想與你戰鬥。要知道刀槍是不長眼睛的，我不願意讓你因此失去生命，你還是退下去吧。」

可是勞素斯並不理會埃涅阿斯的話，他怒氣沖沖地殺向埃涅阿斯，埃涅阿斯情急之中拔劍阻止，卻恰好刺進了勞素斯的胸膛。埃涅阿斯並不想置他於死地，所以心中十分難過。受傷的墨策提沃斯得知兒子的死訊後，掙扎著走向了戰場，接連向埃涅阿斯投擲了幾根長矛，但是都沒有擊中對方。他策動戰馬不顧一切的衝向埃涅阿斯，卻被埃涅阿斯刺下了馬。

埃涅阿斯的劍抵住了墨策提沃斯的喉嚨，墨策提沃斯不愧為武士出身，臨死也沒有膽怯。他平靜地對埃涅阿斯說：「我知道你是特洛伊的大英雄，今天能與你戰鬥，無論勝負都是我的榮幸。請在我死之後，把我和兒子葬在一起，我想陪伴著他。」沒有人願意面對殘酷的戰爭，也沒有人願意面對血淋淋的現實，結束了墨策提沃斯父子生命，做為勝者，埃涅阿斯的心頭卻無比的沉重。

STORY 087

# 為我兒子鍛造一塊盾牌吧

## 維納斯向丈夫伏爾岡發出請求

TIPS

古羅馬的神起初不是擬人的，帶有萬物有靈和拜物教的許多特點，後來在伊特魯里亞人和希臘人的影響下，羅馬人也開始賦予神以人形，並為他們建造廟宇。

埃涅阿斯和特洛伊人的旅途充滿了艱難險阻，到處是戰爭，到處是追殺，這讓母親維納斯萬分擔憂。她雖然知道兒子是個大英雄，但是死亡時時威脅自己的愛子，又讓她坐臥不安。考慮了很久，她想不如給兒子製作一個特別盾牌，用來防身，但這件事還要求助於丈夫伏爾岡。該怎麼對丈夫說呢？維納斯採取了一個最簡單的辦法，她帶上可以激發愛情的金腰帶，來到了丈夫身邊。

對於突然而至的妻子，丈夫無比興奮，他對維納斯說：「無事不登三寶殿，妳今天來肯定是有事，說吧，我一定會滿足妳所有的請求。」

丈夫脾氣倔強，難得如此客氣的與自己說話，這都是金腰帶起的作用，維納斯暗自高興。她回答丈夫說：「唉，這些年我一直在擔心埃涅阿斯的命運。你看他們一路上遇到了多少的危險啊，一不留心就會喪命。你不是號稱神匠嗎？不如為兒子打造一個盾牌吧，這樣可以幫他躲過刀劍。埃涅阿斯肩負著重建特洛伊的重任，這是天神朱庇特為他安排的使命。一想起這個可憐的孩子，我就愁腸百結。」

「妳說的對，我這就為兒子打造盾牌，妳就儘管放心吧！」

伏爾岡非常爽快地答應了。

他立刻來到兵器作坊，他手下的工匠們此刻正熱火朝天地幹活，鍛造的火花映著他們紅紅的臉龐，汗水順著臂膀往下流。大家看見伏爾岡來了，就知道一定是有什麼事情，因為他平時不來作坊，這次肯定是有什麼特別的指示。

果然，伏爾岡微笑著開口說話了：「大家停一下，我有話說，我的兒子在逃亡的路上遭遇了多次戰爭，我想為他打造一塊盾牌，大家都拿出看家的本事，鍛造出最好的盾牌，儘快送給埃涅阿斯。」

老闆的話就是聖旨，大家立刻停下手中的活，商量著怎麼打造盾牌。

為了表示對這件事情的重視，伏爾岡親自上陣，給兒子燒鑄出七片精美絕倫的鐵甲片，鐵甲片上還鑄有羅馬城的歷史。最後他們把這七片鐵甲連在一起，鑄成了一塊舉世無雙的盾牌。隨後，他又順便給兒子打造了一副鎧甲和一杆長槍，這都是用得上的。

**火神鍛造盔甲武器。**

做完了這一切，伏爾岡手拿這一套武器找到了維納斯，他滿臉自

維納斯向兒子埃涅阿斯贈送武器。

豪而又洋洋得意地說：「這套裝備絕對是世上最完美的，妳就放心地交給埃涅阿斯吧。願神祇保佑他一路上平平安安，早日完成重建特洛伊的偉大使命。」

在一棵大樹下，疲憊不堪的埃涅阿斯已經沉沉睡去了，在夢裡，他看見了自己的母親維納斯。母親充滿愛憐地告訴他：「孩子，我為你打造了一套武器裝備，可以用來防身。你是戰無不勝的特洛伊英雄，無論旅途上遇到多麼大的災難，我都會在暗中保護你的。偉大的使命在等著你，千萬別氣餒、別失望，鼓起勇氣，目標一定會實現。」

一陣清風吹過埃涅阿斯的臉頰，他睜開了眼睛，發現身邊果然擺放著一副鐵甲盾牌，母親的話依稀還在耳邊回響。他站起來，拿起了武器，抬眼看了看前方，目光堅定地朝自己的軍營走去。

STORY **088**

# 殺戮該停止了

## 朱庇特做出回應

頻繁的戰爭考驗著特洛伊人以及義大利人的意志，死亡越來越強烈地籠罩著這片原本寧靜的天空。現在所有拉丁人的心中都充滿了厭煩的情緒，而此時，特洛伊人又開始進攻了。

打仗對於特洛伊人來說是拿手的本領，他們攻城的辦法很多，埃涅阿斯交代士兵說：「我們準備一盆焦油，然後在準備一盆火，大家把箭先沾上焦油，再放進火盆中，點燃後射向拉丁人的城牆。」

這個辦法十分奏效，很快，勞倫圖姆的城牆上濃煙滾滾，而且還殃及了許多房屋。守衛城牆的拉丁人見狀都逃跑了，特洛伊人很輕鬆地就攻進了勞倫圖姆城。

埃涅阿斯帶領隊伍衝進城後，發現這裡已經亂成一團，大的傷亡在所難免，圖爾努斯大喊道：「大家都退後，讓我來和埃涅阿斯單獨決一死戰吧。」

雙方的士兵都停止了廝殺，他們跟隨埃涅阿斯和圖爾努斯來到了決鬥場。

圖爾努斯對埃涅阿斯充滿了憤恨，他恨不得立刻就殺死這個外鄉人。兩個人手持武器廝殺在了一處，空中不斷發出刀劍相碰的聲音，讓雙方觀戰的士兵都替自己的首領暗暗捏了一把汗。

**TIPS**

羅馬人同希臘文化的接觸越來越密切，希臘神話傳入羅馬，羅馬神話很快豐富起來。羅馬神承襲了希臘神的形象和傳說，出現了羅馬神和希臘神的混同過程，羅馬的尤皮特、尤諾等，分別和以朱庇特為首的希臘諸神混同起來。在這一混同過程中，羅馬神的面貌發生了很大的變化。有些神司掌的範圍迅速擴大，如密涅瓦，她已不僅是技藝女神，並且成了智慧的象徵，成為醫生、雕塑家、樂師、詩人的保護神；有些神的職能也有很大變動，如狄安娜同阿爾忒彌斯混同後具有後者的全部職能，並且由於阿爾忒彌斯首先是由平民引進羅馬的，狄安娜又成了平民和奴隸的保護神；有些神的地位迅速提高，如由於阿佛羅狄忒和傳說中的羅馬人的祖先埃涅阿斯有關，和她混合的維納斯便受到特別的敬奉。

「哥哥，給你劍。」這時圖爾努斯的妹妹把家傳的寶劍給他送來了。圖爾努斯手持寶劍氣勢洶洶地刺向埃涅阿斯，眼看埃涅阿斯就要命懸一線了，空中觀戰的維納斯暗中給兒子增添了神力，埃涅阿斯舉起長矛奔向圖爾努斯，比起短劍，他的長矛是一寸長一寸強，再加上他有母親賦予的神力，這一槍就直奔圖爾努斯的要害。圖爾努斯顧不得還擊，轉身向林子中拼命跑去。

朱諾一看情形不好，她有意幫助圖爾努斯扭轉敗局。正當她盤算怎樣暗中讓埃涅阿斯吃點苦頭時，卻被丈夫朱庇特看穿心思。朱庇特很生氣地對她說：「妳看看自己，還有一點天后的樣子嗎？妳一直追殺著埃涅阿斯，在他們逃難的路上，製造了數不清的麻煩。特洛伊人和埃涅阿斯有重任在身，妳這樣追殺下去，他們又怎能完成使命呢？妳不顧眾神的反對，不顧天后的威儀，總是自作主張，如果再這樣下去，我就剝奪妳所有的權力！」

朱諾聽完丈夫的話，不禁有些膽怯了。如果丈夫真要追究下來，丟人不說，自己日後就很難在眾神面前站住腳跟，說話也就失去了份量，絕不能為了一個凡人把自己給毀了。想到這，她便怯怯地對丈夫說：「勝負總得有個分曉，我不再給特洛伊人增加災難了，就讓他們在拉丁姆這塊土地上生活吧。不過，你可以答應我一個要求嗎？」

「妳說吧，只要是不太苛刻，我會答應的。」朱庇特見妻子服軟了，就不那麼生氣了。

「我想讓特洛伊人忘記自己的信仰和習俗，既然來到了義大

利，就要接受當地風俗習慣，這對於拉丁人也算是一種補償。」

朱庇特想了想，最後很爽快地答應了。

在神的授意下，決鬥場上的圖爾努斯體力漸漸不支，他突然感到一陣恐懼襲遍全身，埃涅阿斯的長槍彷彿是索命的厲鬼，一槍快似一槍。他無路可逃，就拿起自己的寶劍，想給埃涅阿斯致命一擊。也許是他的劫數到了，他的劍還未觸到埃涅阿斯，就被埃涅阿斯一槍穿透了心臟。

如果不是特洛伊人的到來，這個拉丁人的英雄也許此時已經和公主拉維尼亞完婚了，但他此刻卻躺在地上，身體漸漸冰冷。埃涅阿斯蹲下身子，輕輕的為他合上了雙眼。

STORY **089**

# 天無絕人之路

## 神祇保佑被遺棄的孩子

TIPS

有些希臘神話傳入羅馬後，吸收了地方傳說中類似的成分，如關於赫拉克勒斯的故事傳入羅馬後，增加了他在義大利建立的業績；有些為希臘特有而羅馬沒有的神，則被羅馬人原封不動地接受下來，如阿波羅傳入羅馬後，立即成為羅馬主要的神祇之一。在希臘神話影響下，羅馬人也把一些抽象的道德概念，如和諧、勇武、誠實等，均尊奉為神。

這是被母狼哺育的兩個孩子，他們的名字分別叫羅慕洛斯和雷姆斯。

事情還得從十幾年前說起，當時的拉丁姆國人人追逐金錢與權貴，甚至不惜毀滅親情來成全自己。這讓全社會都充滿了一種動盪與不安，黑暗逐漸籠罩這個城市的上空。

老國王離開人世以後，他的大兒子努彌托耳接管了王位，但是他的二兒子阿摩利烏斯卻是一個很殘暴的人，他繼承了大片的土地和巨額的財富，又覬覦哥哥的王位，他發現這世上沒有比至高無上的權力更令他滿足了。他發動了一次政變，將哥哥趕出了王宮，把他流放到一個很遠的森林中，而他自己就堂而皇之地登上了垂涎已久的王位。

哥哥努彌托耳有個女兒叫西爾維婭，也就是二兄弟的母親，為了免除後顧之憂，阿摩利烏斯讓人把侄女西爾維婭送進維斯塔神殿做祭司，而做祭司的人是一輩子都不可以結婚的，這樣一來，阿摩利烏斯也就不用擔心哥哥會有什麼後人來找自己報仇了。

可是事與願違，神祇偏偏安排西爾維婭生下了一對雙胞胎兄弟。

一天，西爾維婭去台伯河邊打水，遇到了英俊的戰神馬爾斯，馬爾斯主動上前和西爾維婭打招呼：「你好，姑娘，我在這裡等妳很久了。」

西爾維婭看著眼前這位高大英俊的青年，尷尬的有些不知所措，她問馬爾斯：「你為什麼要等我呢？我只是一個祭司，能幫你什麼呢？」

「呵呵，姑娘，我是戰神馬爾斯，是上天安排我迎娶妳做妻子。」馬爾斯熱情地對她說。

西爾維婭眼睛一亮：「我早已厭倦了做祭司的生活，現在的國王非常殘暴，他害死了我的哥哥，把我的父親驅逐到一個很遠的山林中，把我關在維斯塔神殿，終生守護貞潔。想起這些，我就難過。」

「從今天開始，妳就結束了以前的生活，我們可以自由自在地生活在一起。」戰神安慰西爾維婭。

一年之後，西爾維婭生了一對雙胞胎兒子，而此時戰神卻一去不復返了，只剩西爾維婭和兩個幼小的孩子。無奈之下，她帶著孩子回到了維斯塔神殿。失蹤了一年多的西爾維婭突然回來了，而且還帶回了兩個孩子，這讓她的叔叔阿摩利烏斯勃然大怒，他立刻叫來西爾維婭詢問情況。西爾維婭對他說：「這一年多來我一直與戰神馬爾斯在一起，請你相信我所說的話，這兩個孩子是戰神的後代，我沒有半句謊言。」

蠻橫無理的叔叔怎能聽得進西爾維婭的話呢？在他看來，這不過是西爾維婭為保全生命而找的藉口罷了。「讓馬爾斯來搭救你吧，只要他來了，我就相信妳說的話。」阿摩利烏斯在屋裡轉了一圈，突然低下頭對著跪在地上的西爾維婭說：「如果妳的戰神不來，那我只能把妳當做違反祭司規矩的女人處死。」

不僅僅是阿摩利烏斯，包括所有的人都不相信西爾維婭所說的話。他們一邊謾罵西爾維婭，一邊將垃圾扔向她。兇狠的阿摩利烏斯國王下了一道命令：「將這個不知羞恥的女人連同她的兩個孽種扔進台伯河中餵魚！」

洶湧的台伯河波浪翻滾，劊子手將裝有嬰兒的籃子放進台伯河，籃子瞬間就被沖遠了。而此時的台伯河突然變得異常寧靜，沒有了憤怒的波濤，平緩的河水載著戰神的兒子悠然地向下游漂去……

STORY **090**

# 母狼撫育的兒子復仇來了

## 羅馬城建立

TIPS

羅馬城又叫狼城，傳說一隻母狼曾經餵養過他們的祖先。

戰神馬爾斯的孩子被裝在籃子中，順著平緩的台伯河向下游漂去。當漂到羅彌娜的聖樹林附近，載有嬰兒的籃子就停住了。很長時間無人問津，孩子就在籃子中哭了起來。林子裡人跡罕至，只有偶爾路過的野獸，一隻母狼順著哭聲尋了過來，牠發現籃子中有兩個幼小的嬰兒，就叼起籃子把孩子帶回了自己的山洞。

**羅馬城的創始者羅慕洛斯和他的弟弟是由母狼哺育長大的。**

慢慢的，孩子長大了，可以到處摘野果子吃了，他們每天和狼生活在一起，從來都不知道自己的身世。

一天，山下的福斯圖努斯夫婦來山上尋找丟失了的羊羔，卻意外在山洞中發現了這兄弟倆。福斯圖努斯對妻子說：「這兩個孩子，為什麼會被扔在這裡呢？他們的父母到底出了什麼事情？我們還是把孩子帶回家吧，放在這裡也不是個辦法。」

妻子很喜歡這兩個孩子，他們商量好以後，就帶著孩子下山

了。

為了知道這兩個孩子的身世，福斯圖努斯一直在暗暗打聽。這天他在城裡聽人說，前任國王的女兒曾經生過兩個孩子，當時被投進台伯河，究竟是死是活，誰也不清楚。

聽到這個消息，福斯圖努斯急忙趕回家，對妻子說：「或許這就是老國王努彌托耳的外孫，怪不得連母狼都來餵養他們呢？能撫養他們是神靈賜予我們莫大的榮幸，可是我們實在太窮了，這兩個孩子和我們在一起會吃很多苦。」

知道了孩子的不幸遭遇，夫妻二人就有心瞞著孩子，讓他們無憂無慮的成長。

長大之後，兄弟倆在別人口中知道了自己不是福斯圖努斯夫婦的親生孩子，就前來問母親：「母親，有人說我們是你從山上撿來的，是真的嗎？」

母親把丈夫也叫了過來，對孩子說：「你們都長大了，很多事情是瞞不住你們的，當時你們還是嬰兒的時候，被國王阿摩利烏斯扔進了台伯河……」

聽完了父母的講述，兄弟倆聲淚俱下，他們沒有想到自己還有這樣一段淒慘的身世。

這時羅慕洛斯站起身對母親說：「您不要太難過，我現在知道了我們的身世，想去見見我的外公，你們能帶我去嗎？」

在遙遠的深山老林中，他們見到了老態龍鍾的努彌托耳，此時的努彌托耳已隱居多年，孤獨的歲月讓他顯得越發蒼老。他每天都思念自己的親人，揪心的苦痛讓他苦不堪言。這天，他照例坐在自己的屋門口，遠遠看見來了一群人，其中有兩個孩子，模樣和走路的姿勢看上去非常熟悉。兩個人的面孔讓他立刻想起了自己的女兒，他急忙站起身，睜開自己渾濁的眼睛。

「孩子，你們是？」努彌托耳知道，在這與世隔絕的山林中，只要是來找自己的就是與自己的生命息息相關的人，他心中暗暗斷定，這大概是自己的的外孫。

「尊敬的努彌托耳，您面前的這兩個孩子是您的外孫，他們的母親是西爾維婭，你還記得嗎？」福斯圖努斯畢恭畢敬地說。

「唉，孩子，我生活在這個人跡罕至的地方，可是我的心一天也沒停止思念。我那苦命的女兒現在還好嗎？」

「外公，不要難過，我們今天就是帶你回家的，現在阿摩利烏斯統治的國家已是人心渙散，民不聊生。我們立刻趕回去，殺他個措手不及。」

有備而來的羅慕洛斯兄弟集結了很多對國王不滿的士兵，很快就殺入了王宮，阿摩利烏斯還沒來得及逃跑，就被羅慕洛斯一槍刺穿心臟，一命嗚呼了。

兄弟倆殺死了阿摩利烏斯這個惡棍，王位又重新回到了努彌托耳的手中。

STORY 091

# 兄弟再相殘

## 新戰神誕生了

TIPS

古羅馬也曾流行過一些當地的傳說，它們往往和羅馬遠古歷史有關，並且和希臘英雄傳說，特別是特洛伊戰爭的傳說密切相連。在這些傳說中，以埃涅阿斯從海上飄泊至義大利的傳說和羅慕洛斯兄弟建立羅馬城的傳說最為有名，它們流傳很廣，對羅馬文學的影響也極為深遠。

政權重新回到了努彌托耳的手中，百姓的日子一天天好起來，而此時的努彌托耳也逐漸衰老，他開始考慮讓誰來接管王位的事情了。兩個孩子都很優秀，他不希望因此傷了和氣，如果兄弟反目成仇，結果是很可怕的。

國王有意將尋找接班人的消息透露給兄弟兩人，其實他們早就知道外公為什麼事情傷腦筋了。這天，他們來到外公的王宮，與老國王攀談起來。

羅慕洛斯親熱地拉著外公的手說：「外公，你看我們都長大了，你想聽聽我們的想法嗎？」

「好啊，孩子，我很想知道我的外孫有什麼與眾不同的想法。」老國王和藹地說。

「外公，您就把帕拉丁山和阿文山賜給我們吧，我們想自己建一座新城，用來紀念我們的母親。」羅慕洛斯和弟弟都想另外建一座新城。

聽了兩個孩子的話，努彌托耳很感動，他說：「孩子，你們不愧為戰神的兒子，如果你們願意自己獨自建立一座城堡，我當然會支持你們了，現在就將帕拉丁山和阿文山交給你們。」

兩兄弟一人一座山，可是城堡到底該建在哪座山上，用誰的名字命名呢？羅慕洛斯想把城堡建在自己山上，卻遭到了弟弟雷姆斯的反對。

兄弟兩人爭執不下，最後哥哥提議說：「要不這樣吧，我們請神祇來做決定，無論結果怎樣，誰都不許違背神的旨意。」

他們選了一個合適的日子，各自帶著士兵攀上山頂，在祭司做了祈禱之後，他們就靜靜地等待異象發生。

很快，天邊就飛來六隻神鳥，牠們嘰嘰喳喳地叫著，在弟弟雷姆斯的阿文山的上空盤旋了很長一段時間。雷姆斯覺得這就是天意，自己命中註定是新城堡的主人了。可是六隻神鳥在山頂盤旋了一會兒就飛走了。當雷姆斯還沉浸在喜悅之中的時候，天邊又飛來十二隻神鳥，它們逕自飛向了帕拉丁山頂，這個異象很明顯地說明，城堡該建在帕拉丁山上。失望至極的雷姆斯此時心中充滿了對哥哥的不滿與憤怒。

**古羅馬遺址。**

哥哥開始建城了，他圍著城堡週邊暫時砌了一道矮牆，鬱鬱寡歡的弟弟雷姆斯正好經過此地，也許是兄弟倆感情太好了，弟弟向哥哥說的話不免有些隨意了。他從那道矮牆上跨過去，用譏諷的口氣說：「這也叫城牆？恐怕連狗也攔不住，你還以為是小孩子扮家家酒呢？」他一邊說還一邊從牆上跨來跨去。

在哥哥眼中，城堡是神靈賜予的，城牆是神聖不可污蔑的，弟弟如此譏笑自己，使自己在眾人面前顏面掃地。他沒有多想，拿起手中的寶劍，將弟弟的頭顱砍下來了。

鮮血染紅了大地，弟弟就這樣命歸黃泉。冷靜下來的羅慕洛斯心如刀絞，他後悔自己萬萬不該為了一句話就殺死弟弟，而在他的城堡建成以後的幾年裡，莊稼幾乎顆粒無收。這就是上天對羅慕洛斯的懲罰。

人死不能復生，為了表示自己的悔意，羅慕洛斯在自己的王位旁又設了一個空的王位，這是留給弟弟的，除此之外，他每年還給弟弟送去大量的祭品。

後來，這座城堡漸漸興旺起來，羅慕洛斯給它起了一個很簡單的名字——羅馬。

STORY 092

# 這裡的街道靜悄悄

## 和平城堡渴望天倫之樂

新城剛建成，就失去了親愛的弟弟，羅慕洛斯萬分難受。兄弟倆從小一起長大，一起遊戲一起玩耍，後來又一起征戰，為自己的母親報仇。本想等這一切的苦難都過去了，與外公一起無憂無慮地過日子，可是現在自己孑然一身。想起這些往事，羅慕洛斯便淚如泉湧，可是人死不能復生，再難過也只能埋在心裡，因為這座新城需要他用心經營。

從那以後，羅慕洛斯就把全部的精力都用在了治理國家上。很快，城中的很多設施都完善了，沒有發生動亂，莊稼也有了好的收成，這樣平和安逸的日子過了一段時間，他的心情好轉了很多。

轉眼就到了一個節日，大家湊在一起舉行了一場宴會。在酒席宴上，大家都喝得酩酊爛醉，全都倒在了桌子底下。羅慕洛斯看著這些和自己衝鋒陷陣的將士，就像自己的親弟兄一樣，他俯下身子，給他們輕輕地蓋上了軍衣，讓他們盡情的休息。

隨後他站起身來，覺得自己和這些士兵一樣，孤苦伶仃，既沒有任何的依靠，也沒有溫暖。雖然他們遠離了戰爭，但是依然像生活在兵營一樣。怎樣才可以讓這些兄弟有個溫暖的家呢？沉默了良久，他叫來自己的愛將斯特斯．荷斯梯利烏斯，把自己的心事向他說了，接著交代給他一件事：「聽說薩賓女人最賢慧，

TIPS

隨著羅馬向東方擴張，許多東方神祇傳入羅馬，西元前三世紀，弗里吉亞女神庫柏勒的神像被隆重地運進羅馬。帝國時期廣泛流傳的東方神祇有波斯的彌特拉，埃及的伊希斯等。在羅馬奴隸制逐漸衰落的情況下，這些新傳入的神主要具有宗教崇拜性質，各種性質相近的神互相混同，逐漸產生單一神的概念。西元313年米蘭敕令宣佈基督教為國教，世俗神話被正式排擠出去。

你想個辦法，看看她們願不願意嫁到我們這裡生活。」

「好吧，我去試試看。」斯特斯．荷斯梯利烏斯在沙場上是一員猛將，但對於追求女人並沒有什麼太大的把握。

第二天，他來到薩賓國，向薩賓人說自己是來求婚的，在距離此地不遠的羅馬城堡中有很多精明能幹的男子沒有成家，有沒有姑娘願意嫁到羅馬去。

薩賓人一口回絕了：「羅馬？我們早知道，都是一些野蠻人在裡面生活。我們沒有人願意嫁給他們的，你還是走吧。」

「看來求婚有時也像打仗。」斯特斯．荷斯梯利烏斯心想：「軟的不行，乾脆就來硬的！」他眼珠子一轉，又想出了新的一招。

「羅馬城要召開聲勢浩大的慶典活動，有很多外來的商人，還有各種遊戲和賽事。全程舉辦三天，過期不候。」不知道是誰傳出了這個消息，一傳十，十傳百，很快就傳遍了整個薩賓王國的各個街區。

斯特斯．荷斯梯利烏斯的這個招數果然抓住了薩賓女人的心，節日那天，一向寂靜的羅馬城來了很多漂亮的女子，一時間，喧鬧聲充斥了整個羅馬城市。這裡有很多她們喜愛的小首飾，也有高檔的羊毛和手工精湛的紡織品，使她們愛不釋手。這些女人圍著熱鬧的羅馬城走走停停，流連忘返。

時間過得真快，一轉眼，太陽就下山了。這時城門被關閉

了，這些女子無法出城，只好暫時借住在羅馬城內。羅馬的男人們非常殷勤，他們為這些薩賓女人做好了可口的飯菜，笑容可掬地把她們奉為上賓。

第二天，這些薩賓女人想回家了。斯特斯．荷斯梯利烏斯的士兵就對她們說：「我們這裡什麼都不缺，就是缺少妳們女人的笑聲，這日子多苦悶啊。別走了，留下來吧，我們會好好待妳們的。」

薩賓的女人們被羅馬人的熱情和真誠所感染，更何況這裡連年豐收，日子富裕無比，就打消了回家的念頭，留在了羅馬城。

劫奪薩賓女人。

STORY 093

# 農民登上歷史舞臺

## 共和時代新特徵

TIPS

古代義大利以農牧為主，傳統的羅馬神也大多和農牧有關，主要的有：土地神拉爾、家神佩納特斯、灶神維斯塔、門神雅努斯、戰神馬爾斯、播種神薩圖爾努斯、森林和原野之神皮庫斯、地界神泰爾米努斯、豐收女神克雷斯、酒神利柏爾、果實女神利柏拉、花神芙羅拉等。

對於新建的羅馬城堡，周圍很多國家都虎視眈眈，總想吞併歸為己有。他們表面上不動聲色，暗地裡卻在厲兵秣馬。這讓羅慕洛斯很有壓力，畢竟是從外公手中得來的天下，不是靠自己打拼來的，對於打仗，羅慕洛斯並沒有多少勝算的把握。

他叫來斯特斯．荷斯梯利烏斯，對他說：「我們周圍危機四伏，表面看似寧靜，其實暗藏殺機，我們必須提高警惕。從現在開始，你每天督促士兵練習武藝，萬一敵人哪天真的打來了，也好抵擋一陣。」斯特斯．荷斯梯利烏斯知道羅慕洛斯這些話的份量，他深知萬一羅馬被入侵者打敗，幸福的生活就會終結。他對羅慕洛斯說：「我一定要嚴加防範，從各方面增強我們的實力。」

羅馬城附近有一個叫賽尼納的國家，國王阿克隆詭計多端，他召集自己的將士說：「大家聽好了，現在羅馬是最弱小的城邦，我們不如趁它羽翼未豐之際將其佔領。如果我們現在發動進攻，肯定不會太費力氣的，再說他們也不敢和我們交戰，說不準會把羅馬城乖乖地送給我們呢。」話還沒說完，他就狂妄地大笑起來。戰爭如大海上的風暴，說來就來，阿克隆帶領大隊人馬朝羅馬城疾馳而來，勢不可擋。也許是阿克隆太輕敵了，他的隊伍在經過一個山谷的時候，就被羅馬人包圍了，並將他們打了個

措手不及。山谷中喊殺聲四起，冰冷的刀劍無情地穿透戰士的皮膚，刺向他們的心臟。勇士們的鮮血噴濺在樹枝上，染紅了整個山谷。

這時羅慕洛斯騎著高頭大馬奔了過來，他大喊著：「住手！大家趕快住手，我有話說。」

眾人停止了打鬥，羅慕洛斯在馬上對著賽尼納人說：「這樣盲目打下去會有太多的生命死在這裡，讓你們的國王過來和我單獨交戰吧！無論誰勝誰負，都聽天由命。」羅慕洛斯向阿克隆挑戰，如果不出戰，是十分丟人的事情。阿克隆無奈只好應戰，可是驕傲的他空有一副臭皮囊，根本不是羅慕洛斯的對手，幾個回合不到，就被羅慕洛斯給挑下馬來。國王被打敗了，他手下的士兵更是沒有了士氣，最後乖乖地放下武器投降了。

「唉，聽天由命吧，誰叫我們讓人家給俘虜了呢？恐怕日後等著我們的就是奴役一般的生活了。」

「或許他們還會去燒毀我們的家園……」

賽尼納人一個個垂頭喪氣地走在羅馬人的隊伍裡，難過地竊竊私語。

很快，這隊俘虜就進了羅馬城，他們在羅慕洛斯的安排下，住進了與羅馬士兵一樣的房子，沒有任何人敢歧視他們，他們可以和羅馬人平起平坐，也可以隨意在羅馬城中走動。賽尼納人漸漸消除了顧慮，在這裡與羅馬人融洽地生活在了一起。

STORY 094

# 被驅逐的雜牌軍

## 高盧人在羅馬

TIPS

羅馬軍隊是一支職業軍隊，國家出錢裝備和訓練士兵，並給他們發軍餉。相反，高盧軍隊則非常業餘，由自己購置裝備的戰士組成，因此裝備和訓練水準參差不齊。貴族裝備精良，經常外出作戰，所以戰鬥力較強；而大多數平民的裝備卻很簡陋。

覬覦羅馬的不僅僅是賽尼納人，剛剛收編了他們，高盧人又兵臨城下。比起賽尼納人，高盧人可不是那麼容易對付的，他們比較習慣野蠻的作戰方法，所以和高盧人的一仗打得非常艱難。

剛開始一些羅馬商人在高盧做生意，高盧人就混雜在其中，和羅馬人熟悉了。羅馬畢竟是一座新興的城邦，而且又很富庶，這讓高盧人早就垂涎欲滴，打起進攻羅馬的壞主意。

「尊敬的國王，高盧人正在密謀進攻，羅馬一定要有所準備。」在高盧經商的羅馬人向羅慕洛斯報告了這個消息。

一波未平一波又起，羅慕洛斯也只好應戰，好在他們的隊伍也比先前有了壯大，同時也積累了一些戰鬥經驗，「像從前一樣，加緊訓練吧。不過對於高盧人，我們更得小心，因為他們的作戰方法我們還不太熟悉。」羅慕洛斯雖然有些憂慮，但心中也有了一定的把握，他知道交代自己的士兵該怎麼做。

高盧大軍終於兵臨城下了，他們大喊著：「出來，你們這群膽小鬼！哈哈，你們只會給自己建造一道結實的城牆，龜縮在裡面，有本事出來和我們打拼一次！我倒要看看你們有什麼本事，你們這群膽怯的牧羊人，哈哈……」

對於高盧人的狂妄，羅馬人並不出來應戰，他們深知，這只

不過是高盧人的激將法罷了，現在要做的是耐心等待，看看他們接下來還有什麼招數。

喊累了，也不見有人出來交戰，這讓高盧人有些失望，一計不成又生一計，他們把隊伍集合起來，佯裝撤退。他們想看看這群羅馬人是什麼反應，如果依舊沒有動靜，就等到晚上再行動。

高盧人悄悄地撤退了，羅慕洛斯知道他們不會就此甘休的，雖不知道他們搞什麼鬼名堂，只要吩咐手下人嚴加防範就是了。

到了晚上，高盧人認為羅馬人已經進入了夢鄉，就搬來了高高的雲梯，架在城牆上，準備翻越城牆。可是羅馬人早有準備，一場惡戰就這樣開始了。

訓練有素的羅馬將士打開城門，手持武器衝向來入侵的高盧人。高盧人最善用弓箭和投擲石子，他們遠遠地就開始向羅馬士兵射擊，從而使羅馬人無法接近。

「別害怕，我們有堅實的盾牌和鎧甲，更何況在晚上，高盧人的射手也不是百發百中，不過是虛張聲勢罷了。」羅慕洛斯的愛將斯特斯．荷斯梯利烏斯一邊鼓勵自己的士兵，一邊沉穩地指揮戰鬥，這讓羅馬士兵更加有取勝的信心了。

「我們要接近他們，這樣我們的長矛和刀劍才會派上用場，而他們的弓箭就會失去作用。大家記住，往前衝就是勝利！」斯特斯．荷斯梯利烏斯從那些在高盧經商的羅馬人口中早就知道了高盧人的弱點，他很自信地鼓勵大家。

兩支隊伍越來越近了，羅馬人和高盧人在夜色中混戰成一團，這時羅馬人的優勢就凸現了出來，在羅馬士兵猛烈的攻勢下，高盧人的弱點完全暴露出來了。

高盧人心裡清楚自己的鎧甲不過是擺擺樣子而已，比起羅馬人的鎧甲不知要薄多少倍，羅馬士兵的長槍輕而易舉地就可以穿透。近距離作戰對高盧人來說無異於旱鴨子下水，沒有任何取勝的希望。

黎明的時候，戰場上橫屍遍野，高盧人和羅馬人的第一場戰爭以失敗而告終。這些不可一世的高盧人有些垂頭喪氣，他們都不是正規軍，只是業餘時間打打仗，平時還要回家種地，否則連糧食都沒有。為此，許多人都產生了退出的念頭。

在以後的很多年裡，高盧人一直小打小鬧地騷擾羅馬，雖然羅馬人獲得了最終的勝利，但與高盧人的戰鬥也耗費了巨大的人力、物力。

STORY **095**

# 一場滑稽的鬧劇

## 我愛善良的薩賓女人

不知道這群野蠻的羅馬人用了什麼魔法，竟然讓這些薩賓姑娘心甘情願地留在羅馬城，給他們洗衣做飯，生兒育女。

「不會是像強盜一樣把我們的姑娘給俘虜了吧，集合隊伍，我們去羅馬城，找羅馬國王要人！」薩賓國王也不是省油的燈，他決定帶領自己的隊伍去找羅慕洛斯討個說法。

這一段時間，羅慕洛斯對自己的防禦並沒有掉以輕心，正所謂養兵千日，用兵一時，尤其是在戰火紛飛的動亂年代。他吩咐斯特斯．荷斯梯利烏斯說：「我們要在羅馬城外再修築一道防線，以便更好地保護羅馬城，你看選擇哪裡合適呢？」

「在城堡以北有座薩圖尼尼斯山，這個地方地勢陡峭，易守難攻，我們可以把防禦範圍擴充到那裡，修建一道堅實的防線。一旦打起仗來，羅馬城就可以做為內應，還可以把敵人圍在兩道防線之間。」斯特斯．荷斯梯利烏斯的想法得到了羅慕洛斯的認可。

「也好，就按你說的辦，把修建城堡的任務交給潑利烏斯，讓他來掌管這個地方。」潑利烏斯是羅慕洛斯信任的一員猛將，這任務交給他，感覺很放心。

城堡很快就建成了，羅慕洛斯給它取名為卡皮托，遵照羅慕

TIPS

薩賓人是一個文化落後但是愛好自由的山區部族，自古以來便過著遷徙不定的牧民生活。他們的村落分佈在山頂、山坡或山腳下，但築城而居的情況極為少見。和薩賓人屬於同一個部族集團的薩謨奈人則特別驍勇善戰。據史書記載，從王政時期開始直到西元前449年，羅馬人和薩賓人之間不斷發生衝突。西元前449年，羅馬人對薩賓人取得了一次巨大的勝利。羅馬人憑藉無敵的軍隊，搶奪了大批薩賓婦女，造成了羅馬人和薩賓人血緣的融合。

薩賓女人勸阻羅馬人與薩賓人交戰。

洛斯的吩咐，潑利烏斯帶著自己的女兒塔爾帕婭駐守在這裡。

薩賓王國的隊伍都有完整的裝備，士兵也是訓練有素的，硬碰硬肯定會傷亡慘重，「我們先按兵不動，看看他們是什麼反應再做決定。」羅慕洛斯沉穩地交代好斯特斯．荷斯梯利烏斯之後，就靜觀事態的發展。

黃昏的時候，薩賓大軍來到城下，他們準備天亮就攻城。薩賓國王安排好士兵的食宿之後，就出去察看地形。沒走多遠，他發現一個姑娘從城堡中出來，薩賓國王立刻走上前去和她攀談起來：「你好，姑娘，妳就是住在這個城堡裡面的嗎？」

「是啊，將軍，我和父親住在這裡，他是城堡的首領，您有什麼事情嗎？」

「我們想天亮進城，你可以為我們打開一扇門嗎？我這裡有

價值連城的珠寶，只要妳為我們服務，我就把全部的珠寶送給妳。」狡猾的薩賓國王用珠寶誘惑潑利烏斯的女兒。

單純的姑娘答應了薩賓國王的要求，為他們打開了城門。

「姑娘，妳為我們打開了城門，做了羅馬人的叛徒，他們是不會放過妳的，我給妳珠寶，快逃命去吧！」說著，薩賓國王把手中沉重的盾牌向她砸了下去，潑利烏斯的女兒就這樣命喪黃泉。

薩賓人不費吹灰之力就進了城，太出乎羅慕洛斯的意料了，他立刻集合隊伍參加戰鬥。雙方實力相當，這場仗打的天昏地暗，到了晚上，依然沒有分出勝負，一方是為了保護自己的妻子，而另一方是為了奪回自己的姐妹，誰都不肯相讓。

連最愛湊熱鬧的神祇也來參加戰鬥了，朱諾一直不喜歡特洛伊人，她當然不支持羅馬人；而羅馬人的保護神雅努斯也不甘示弱，他出來助羅馬人一臂之力。

就在這難解難分的時候，帕拉丁山下的城門打開了，湧出來一群薩賓女人，她們義無反顧地衝向打鬥的隊伍，高喊著；「你們一邊是我們的父兄，一邊是我們的丈夫，我們不想失去丈夫，也不想失去親人。羅馬人給了我們幸福的生活，難道你們不該像親人一樣擁抱嗎？」

女人的話讓這群魯莽的男人立刻停止了打鬥，他們好像突然明白自己的想法是多麼的愚蠢滑稽，雙方立刻握手言和了。

STORY 096

# 那座神廟供奉著誰？

## 羅馬第一座神廟

TIPS

羅馬的標誌是一隻母狼，身下有兩個男孩在吸吮牠的乳汁。而這兩個孩子就是羅慕洛斯兄弟。

遠離了戰爭，沒有了硝煙，和平的綠蔭覆蓋著這片神聖的土地，這就是羅慕洛斯治理下的羅馬帝國。回想自己年輕時的征戰，羅慕洛斯萬分珍惜這難得的和平。他經常獨自一人駕車去查看自己的國家，所到之處，全都充滿了和平的陽光，孩子在田間嬉鬧，大人們在地裡耕作。他有時也停下馬車和百姓攀談，他們都告訴老國王：「尊敬的國王，我們的收成一年比一年好，我們都有了屬於自己的房屋和財產。」

戰爭所帶來的災難已經遠離了這些苦難的人，就像漸漸癒合的傷口，在以後的日子裡，應該盡情地播撒快樂的種子。

老國王羅慕洛斯的臉上帶著一片安詳的神色，他知道自己的國家正在一步步走向強大。

歲月不饒人，羅慕洛斯知道自己快要告別人世了，就選擇了一個好天氣，把自己的一些大臣召集在一起，語重心長對他們說：「我已經老了，很多的事情都不能親歷親為了，如果我離開了人世，你們一定要記住，善待自己的子民，遵守我們羅馬的律法。要知道一個國家的強大離不開百姓的支持，只有百姓才是我們最堅強的後盾。想想我們從建城到現在幾十年的奮鬥，今天終於告別的戰爭和貧窮，我就是死了也沒有什麼遺憾了。」

說著，羅慕洛斯走出了宮殿，指著遠處的城牆對眾人說：「你們看，那些城牆，經過了這麼多年的戰火和風雨，還像當初那樣堅不可摧。看著這城牆，我突然想起當初我們建城的時候，呵呵，這人老了，總是喜歡回憶年輕時候的日子。」

見老國王的情緒有些傷感，大家就勸他回宮。可是老國王很固執，偏偏不肯離開。

「我有些累了，拿來椅子我休息一下。」羅慕洛斯依然沉浸在美好的回憶中。

有人給他搬來了椅子，他靜靜地坐在椅子上，眼裡閃爍著晶瑩的淚花。

聽著老國王的話，眾人默不作聲，他們不願意打擾國王的思緒，不願意破壞這難得的安靜。不管老國王說什麼，他們都認真

地聽著，這也許是老國王最後一次和他們說話了。

時間就這樣緩緩地流動著，這時突然起風了，天上頓時烏雲密佈，地面上飛沙走石，狂風猛烈地搖撼著大樹，好像要連根拔起似的，所有的人都被這突如其來的狂風刮得睜不開眼睛。

只一會兒的工夫，風就停了，就像什麼也沒有發生過一樣，大家急忙去看國王，可是那裡只有一個空空的椅子。大家正在疑惑之際，天空中響起一個洪亮的聲音：「不要再尋找你們的國王了，他被戰神馬爾斯接到了天上，眾神之王已經賜給他神祇的榮耀了，他將化作庫伊律努斯的守護神。」

國王就這樣告別了羅馬，告別了人民，離開了生活過的地方。他化為神靈在天上時刻守護著這片曾經戰鬥、生活過而且深深熱愛的土地。

為了永遠懷念這位羅馬的締造者，人們在庫伊律納努斯山頂上為羅慕洛斯化作的守護神庫伊律努斯建造了一座輝煌的宮殿。

STORY 097

# 又一場戰爭爆發了

## 我們是戰神的子孫

強大起來的羅馬對於戰爭不再那麼陌生了，他們從戰爭中獲取了大量的財富和俘虜。羅馬人把俘虜當做奴隸，隨意使喚他們，甚至在與鄰國的生意往來上把俘虜做為交換的商品，而且奴隸的價錢還不如普通的牲畜。

在奴隸主的眼中，奴隸根本沒有人身權利，他們不僅要承擔繁重的勞動，而且還經常遭到打罵。一個人為奴，全家為奴，乃至子孫後代都為奴，奴隸主們沆瀣一氣，奴隸逃跑的結果只有死路一條。

這就引發了歷史上最著名的斯巴達克起義。

斯巴達克是在戰爭中被俘虜的，而他

**古羅馬士兵塑像。**

TIPS

斯巴達克起義的意義遠遠超出了起義的本身，它沉重地打擊了奴隸主的統治，加劇了羅馬奴隸制的危機，促使羅馬政權由共和制轉向帝制的過渡。

的命運更可悲，被送到角鬥場充當角鬥士，以供那些富人取樂。

「與其這樣屈辱的活著，還不如死在戰場上，我們的血肉之軀不是生來供他們取樂的。不如我們起來反抗吧，就是死了，也算痛痛快快地結束這種非人的折磨了。」斯巴達克經常在暗地慫恿他的夥伴們。

斯巴達克的呼籲得到了很多人的回應，每個角鬥士都想結束做奴隸的苦日子，於是揭竿而起了。

起義大軍一路上又糾集了很多奴隸，他們大多都是從附近莊園中逃出來的，同樣不願意再忍受被壓迫的生活。

羅馬人推舉克拉蘇作為首領來鎮壓起義軍，他帶領隊伍在半島南端挖了一道深壑，以阻斷起義軍的去路。

「羅馬人企圖切斷我們進攻的道路，這樣我們的計畫就功虧一簣了，得想個辦法衝過去。」斯巴達克選擇了一個風雪交加的夜晚，趁敵人不備闖過了關口。

此時，起義軍的隊伍中彌漫著一種渙散的情緒，有些人對勝利失去了信心：「羅馬人根本不是好對付的，他們武器精良，訓練有素，更重要的是歷經戰火的洗禮，想打敗他們談何容易。我們就算不死在戰場上，最後也會被他們活捉，下場只能比以前更慘。」

這種情緒在隊伍裡蔓延，嚴重影響了起義軍的積極性，這讓斯巴達克大傷腦筋。

起義軍和羅馬軍隊在布倫迪辛港附近展開了決戰，由於沒有精良的裝備和武器，他們死傷無數。斯巴達克在混戰中一直想尋找機會向克拉蘇下手，他想殺死羅馬人首領，可是一直也沒能成功，由於大腿受了重傷，只好在地上曲著一條腿繼續戰鬥。在羅馬軍隊的瘋狂圍攻下，六萬名起義者戰死，斯巴達克也壯烈犧牲。其餘的斯巴達克起義軍逃往北義大利，不幸在那裡被龐培消滅，有六千名起義者被俘虜。

「把他們全部釘死在卡普亞到羅馬沿途的十字架上，我倒要看看這些奴隸是怎麼反抗的！」克拉蘇向士兵下達了最殘酷的命令。

這次規模浩大的奴隸起義沉重打擊了羅馬人信心，如果想讓社會和諧穩定，還需要進一步的改善制度。

STORY **098**

# 太歲頭上動土

## 龐皮利烏斯冒死改祭祀

龐皮利烏斯其實是一個行為很謹慎的人，說他謹慎，是因為他考慮事情很周全。比如他娶了薩賓國王的女兒為妻子，可是夫妻恩愛的日子沒過幾年，妻子就離開了人世。他曾經許下誓言，此生終身不娶。所以在妻子死後，他就獨自一人搬回庫埃斯城居住了。

薩賓國王去世後，眾人又推舉他做國王，他覺得此事非同小可，就對大家說：「感謝大家能夠信任我，但是這不是小事，我不可以隨意答應。如果我命裡註定不能當國王，那麼我要是繼承王位，會給國家帶來意想不到的災難。」

「那麼，我們就看看神明的旨意吧。」大家一致勸說龐皮利烏斯。

他們選擇了一個吉日，來到了卡皮托山頂，此時三大星座都顯示吉兆，這表明神祇也支持龐皮利烏斯接任王位。

在龐皮利烏斯當上國王的第二年，恰遇大旱，莊稼都旱死了，顆粒無收。一時間，到處充滿了乞討的災民。所有的人都認為這是天神發怒了，因為很多年前都是用活人向朱庇特獻祭的，自從埃涅阿斯開始，就改用家畜給天神獻祭了。大概是天神發怒，降大禍於人間。為了讓天神息怒，只有用活人獻祭。

**TIPS**

羅馬歷史的最早時期（西元前七世紀），羅馬人已經虛構出一些大神。其中，朱庇特（Jupiter，最高神，三主神之一）最尊貴；在詞源的範疇，他的名字相當於希臘文的宙斯（Zeus）或梵文的狄亞尤斯（Dyaus，另譯為「底尤斯」）。朱庇特、宙斯和狄亞尤斯都是主管天空和天氣的神。另外的兩位主神：馬爾斯（Mars，戰爭之神，三主神之一）和奎瑞努斯（Quirinus，三主神之一），與朱庇特，很早就被聯繫在一起。此時期，至少有一位女神朱諾（Juno)是重要的；其來源與朱庇特及其他神似乎無關，其主要職責是掌管婦女生活。此時期，最普通的神，其形象是模糊的，他們的職責有限且分明。

雖然大家的心裡萬分悲痛，但是又都堅信這是討好天神的最好辦法。

可是龐皮利烏斯並不這麼想，他想該如何讓朱庇特改掉這個惡習，不再強迫他們用活人獻祭。

就在他冥思苦想的時候，仙女埃格里婭來到了他身邊。龐皮利烏斯知道仙女有強大的法術和預知未來的本領。就把心事向她說了：「我真不希望再看到人世間為了討好朱庇特而用活人獻祭，不知妳有沒有看到當時的那一幕，鮮血灑在祭壇上，慘不忍睹，這難道是神明的意願嗎？可是我不知道怎麼來改變，這件事情讓我苦不堪言。」

仙女早知道他的心事，今天就是來幫助他的，她微笑著說：「這並不難，你只要設法讓朱庇特來到人間，然後再想辦法讓他得不到活祭就可以了。」

「可是，朱庇特怎麼才能來到人間呢？」龐皮利烏斯問。

「有兩個人知道這個辦法，我告訴你怎麼去找他們。」仙女埃格里婭向龐皮利烏斯交代了一番就走了。

第二天，龐皮利烏斯來到山林中，找到了仙女所說的那兩個人，他們是皮斯庫和法烏諾斯，龐皮利烏斯故意把幾罈美酒放在樹下，引誘他們來喝。就這樣，他輕而易舉地從酩酊大醉的兩個人口中得知了可以讓朱庇特下凡的咒語。他隨即唸起了咒語，只見一股濃煙飄向了天庭，很快，朱庇特就來到了龐皮利烏斯的身

邊。

成敗在此一舉，龐皮利烏斯心想，不管朱庇特有多麼兇狠，我一定要他接受我的主張。

「尊敬的天神呢，你看人間充滿了災難，這都是羅馬人的罪孽，該如何才能洗清呢？」龐皮利烏斯虔誠地問道。

「用活人頭獻祭。」果然不出所料，朱庇特露出了兇狠的面目。

「好吧，我懂了，用蒜頭。」龐皮利烏斯膽大而又心細，他巧妙地與朱庇特周旋。

「什麼蒜頭，我說的是活人身上的。」朱庇特有些惱羞成怒。

「活人身上的，我明白了，您說的是頭髮，此外我還給您獻上一條活魚。聖明的天神，我和所有的羅馬人都感謝您的仁慈，我們會在此地為您建造一座豪華的宮殿，來緬懷您的恩德。」

朱庇特覺得再與龐皮利烏斯糾纏下去是很難得到可信的祭品了，只得依照龐皮利烏斯說的做了。

後來羅馬人的祭祀就改用一頭大蒜，一縷頭髮和一條活魚了。

STORY 099

# 廢除陳舊的律法

## 羅馬帝國走進新時代

除了用活人做獻祭以外，早期的羅馬人還有很多殘酷的律法。在龐皮利烏斯執政的那些年裡，他又改革了許多律法，從而使羅馬帝國的制度更為完善起來。

有一次，他經過一個廣場，看到廣場裡面人頭攢動，便意識到一定是有什麼事情發生了。他還未擠進人群，就聽到一陣撕心裂肺的哭聲。他順著哭聲望過去，只見一個女子哭得死去活來，她被結結實實地綁在一頂轎子上，由幾個祭司抬著正往前走。

人們有同情姑娘不幸遭遇的，也有指責姑娘不守堅貞的。大家七嘴八舌，議論紛紛，而那個姑娘只是哭得泣不成聲。龐皮利烏斯瞭解到姑娘是觸犯了羅馬的律法，按律她該受到應有的懲罰。無論她在去受刑的路上遇見誰，都沒有權力干涉和解救她，即便是國王也不例外。

那時羅馬有座維斯塔神殿，這個姑娘就是看守神殿聖火的女祭司。由於羅馬人對神明的敬畏，所以對挑選女祭司就格外慎重和嚴格，她們一定要有非常好的出身和良好的教育，更重要的是，她們被選上祭司以後，必須立下毒誓，終身保持貞潔。她們的任務就是看守聖火，使聖火不被熄滅，律法規定，如果聖火熄滅了，那麼當班的祭司就被處以極刑。祭司們抬著哭哭啼啼的姑娘走到一個事先挖好的大坑前，放下轎子，把姑娘鬆綁後扔進大

TIPS

在古羅馬對後世做出的貢獻中，羅馬人制訂法律的天份得到了肯定，羅馬法律最大的特點就是明確了人權與物權，這一原則為後來的大陸法系所繼承，對後世的律法制度產生了重要影響。

坑中，隨後蓋上一塊大石板就離開了。

自從見到這一幕，龐皮利烏斯的耳邊久久都不能擺脫女子悲慘的哭聲。他把手下的大臣們叫來商議此事，他說：「沒有哪個姑娘願意看到聖火熄滅，這些姑娘被招來當祭司，終生不能回家，也不能結婚，這對她們來說已經很不公平了。如果僅僅是因為聖火熄滅了就對她們施以極刑，這未免太殘酷，我想就連天上的神祇也不願看到這一幕。」

「尊敬的國王，您的意思是想改革這條律法嗎？」大臣們早就猜到了他的意圖。「是的，我想把女祭司服務的年限減少到三十年，在三十年以後，是去是留，都隨她自願，可以嫁人生子，也可以繼續留在神殿。就算是聖火熄滅了，我們也不要對她們處以極刑，只要鞭打一次，然後再重新點燃就是了。我不希望因為對神明的敬畏，而讓無盡的悲傷籠罩在這些女孩子的親人心上。」龐皮利烏斯接著說：「既然這些女祭司為我們看守的聖火，那麼我們就要給她們最高的榮譽，如果將死的犯人在行刑的路上遇到維斯塔貞女，就可免除死刑。」龐皮利烏斯的提議得到了大家的支持，從此城邦之內再也聽不到維斯塔貞女那悲慘的哭聲了。隨後，他又廢除許多不合情理的律法，並頒佈了新律法。他認為律法是聖潔、正義的，是用來約束人們的行為的，而不是以殘酷的懲罰為最終目的。

龐皮利烏斯對國民的尊重換來了民眾對他的敬仰，羅馬城在他的統治下日益強大起來，偉大的羅馬帝國時代開始了。

STORY **100**

# 我們的神話自己來續寫

## 維吉爾留下的輝煌詩篇

維吉爾，是古羅馬最傑出的詩人，他出生在高盧境內曼圖亞附近的農村。這裡農牧業興旺，同時又有發達的文化，也曾出現過很多著名的文人，比如卡圖斯、科爾涅利烏斯和奈波斯等。相對來說，維吉爾的家境是比較富裕的，所以他從小就受到了良好的教育。父親曾經送他去羅馬和義大利南部學習修辭和哲學，這為他以後的寫作打下了堅實的基礎。因為身體的原因，他一直沒有去服兵役，而後來發生的一件事，又迫使他跟著父親去流浪。

當時的執政者奧古斯都為了給退役的士兵分地，從而沒收了他父親的莊園，父親只好帶著他去遙遠的義大利南部投親。

富裕與貧窮，戰

**TIPS**

維吉爾死於西元前十九年，只活了五十一歲，在他將死時，他的史詩才基本完成初稿，還沒有定稿。據說他遺命將這部稿子燒掉，所幸奧古斯都大帝非常重視這部史詩，他的朋友們也沒有照他的意思去做，《埃涅阿斯紀》才得以保存下來。

爭與和平是他創作的主要基調，這其中摻雜著流浪與逃亡，愛情與背叛。

詩人去世以後，他留下了還只是初稿的《埃涅阿斯紀》，是他的朋友為他整理的。

《埃涅阿斯紀》聲情並茂地敘述了由美女海倫所引發的特洛伊戰爭：海倫因為背叛自己的丈夫和一個叫帕里斯的特洛伊人私奔，從而為特洛伊帶來了十年的戰爭。在這十年裡，特洛伊人骨肉離散，喪失了家園，飽嚐了數不清的悲歡離合，使他們選擇了背井離鄉去逃亡。

在《埃涅阿斯紀》中，詩人維吉爾用飽含深情的語言，把埃涅阿斯描繪成了一個富有感情，富有正義，而且又充滿了勇敢與智慧的特洛伊英雄。在逃亡的路上，他們時時遭遇生命危險，最後全都化險為夷，這更加促使埃涅阿斯這個特洛伊領袖形象在人們心中高大鮮明起來。他們所到之處，所見的都是散居的特洛伊人，這又讓埃涅阿斯更加渴望和平，渴望早日結束流亡的生活。而這又恰恰是所有人的心聲。

愛情是這人世間最美好的感情，也是最令人痛不欲生的。英雄也是血肉之軀，或許他們比別人更加懂得愛情的珍貴，在流亡到迦太基時，埃涅阿斯受到了迦太基女王熱情友好的招待，女王被英雄的事蹟和瀟灑的風度所傾倒，埃涅阿斯也醉心於女王的美麗和多情。可是他身後還有眾多的特洛伊人跟著他一起去尋覓新的家園，他肩負著重建特洛伊的神聖使命。他不可以沉醉在溫柔

鄉中，所以離別在所難免，這位英雄毅然集合隊伍，上了大船，離開了迦太基。

當埃涅阿斯來到義大利，準備籌建新城堡的時候，他遵照神明的旨意，去地獄走了一遭，猛然間看到了自己心愛的迦太基女王，他不顧一切上前去和她說話。可是女王已經不再理睬淚流滿面的埃涅阿斯了，這說明英雄心中並不缺乏柔腸，只是此時已經肝腸寸斷了。

就這樣，埃涅阿斯和大批逃難的特洛伊人終於在義大利定居了，結束了漂泊的日子。

幾百年後，由於血腥的宮廷爭鬥，一個出生就被拋棄而被母狼餵養的孩子羅慕洛斯在帕拉丁山上建立的城堡，起名叫做羅馬，這便是最初的羅馬城。由於羅慕洛斯的勇敢和智慧，使得羅馬征服了周圍很多國家，慢慢的強大起來。經過幾代君王的苦心經營，最後成長為傲立於世的羅馬帝國。

國家圖書館出版品預行編目資料

關於羅馬神話的100個故事／黃禹潔編著.
－－第一版－－臺北市：宇河文化 出版；
紅螞蟻圖書發行，2011.7
面 ； 公分－－(ELITE；33)
ISBN 978-957-659-852-4（平裝）

1.羅馬神話

284.95 100012710

ELITE 33
關於羅馬神話的100個故事
編　　著／黃禹潔
發 行 人／賴秀珍
總 編 輯／何南輝
校　　對／楊安妮、鍾佳穎、朱慧蒨
美術構成／Chris' office
出　　版／宇河文化出版有限公司
發　　行／紅螞蟻圖書有限公司
地　　址／台北市內湖區舊宗路二段121巷19號(紅螞蟻資訊大樓)
網　　站／www.e-redant.com
郵撥帳號／1604621-1 紅螞蟻圖書有限公司
電　　話／(02)2795-3656（代表號）
傳　　真／(02)2795-4100
登 記 證／局版北市業字第1446號
法律顧問／許晏賓律師
印 刷 廠／卡樂彩色製版印刷有限公司
出版日期／2011年 7 月 第一版第一刷
2019年 3 月 第二刷

定價 300 元 港幣 100 元

ISBN 978-957-659-852-4 Printed in Taiwan